ビギナーでも安心
株式投資のための
財務諸表分析

～最新のバリュエーションモデルを学ぼう！～

ニューヨーク
市立大学助教授
満留 敏明 著

税務経理協会

〈はじめに〉

　「株式投資に興味があるけど，株の仕組みが良くわからない」，「他人任せでなく，自分自身で投資判断ができるようになりたい」と考えている人は多いはず。本書はそんな皆さん，特に初心者のあなたのために，株式投資の基礎から割安株を見分けるための最新テクニックまで，分かりやすく説明しています。

　株式投資で成功するためには，企業の価値を客観的に計算し，現在の株価と比較することで割安な株を見つけることです。投資の対象としての企業価値を計算（評価）する方法を，一般に「企業価値評価法（バリュエーションモデル）」と呼びます[1]。本書では，数あるモデルの中で特に最近欧米の投資のプロの間で広く使用されている，「残余利益モデル」を紹介します。

　近年は情報化が加速度的に進み，財務諸表や業績予想等の企業価値評価に必要な情報は，インターネット等を通して簡単に，かつ無料で入手することができるようになりました。バリュエーションモデルの基礎さえ理解すれば，必要な数値を代入するだけで，誰にでも企業の投資価値が計算できるのです。

　もう他人の意見に振り回されるのは止めましょう！　これからは，あなた自身が独自の手法を使って，自分の責任で投資判断をする時代です。

　株式市場は競争も激しく，時には投資家の心理に影響され乱高下することもあるため，継続的に成功するのは容易ではありません。大切なのは，日々の細かい値動きに惑わされることなく，長期的な視野に立って投資判断をしていくことでしょう。

　第1部は，個人の価値を表すツールとしての財務諸表を紹介するところから

---

[1] バリュエーション（Valuation）のバリューは「価値」，「評価する」という意味。

入っていきます。「え～財務諸表って何？」と思っているあなたでも大丈夫。簿記や会計の知識が全くなくても，財務諸表の仕組みや読み方が簡単に分かるようになります。

　第2部では，実際の企業の財務諸表を見ながら，企業価値評価に必要なポイントをおさえていきます。

　第3部では，「投資とは？」から始まり，株式市場の仕組みや株価の決まり方等について段階的に説明していきます。「株式投資は初めてなんですけど……」というビギナーのあなたでも，株式投資の基礎が無理なく学べます。

　最終の第4部では，財務諸表と株式投資の基礎が分かったところでバリュエーションモデルを見ていきましょう。

　本書を出版するにあたって多大なるご助力をいただいた，税務経理協会編集部の新堀博子氏，関根正和氏に心から謝意を表します。また，紀伊国屋書店ニューヨーク店の市橋栄一店長には，税務経理協会の大坪克行氏に仲介の労をとっていただき，さらに企画の段階からいろいろとアドバイスをいただきました。厚くお礼申し上げます。

2004年2月　ニューヨークにて
満留　敏明

目次

はじめに

第1部　あなたの財務諸表を作ってみよう
　　　　―財務諸表の基礎―

第1章　個人の価値 ……………………………………………… 3

1. あなたの価値は？　3
2. 資産と負債って？　6
3. 個人の価値―A子さんの例　8

第2章　個人の価値を増やすには ……………………………… 11

1. 借金して物を買うとどうなるの？　11
2. 純資産を増やすためにはお金を稼ぐしかない！　13
3. 月々の出費はどうなるの？　15
4. 少しだけ用語の整理　17

第3章　いよいよ財務諸表！ …………………………………… 19

1. あなたの財務諸表を作ってみよう―バランスシート（B/S）　19
2. 損益計算書（P/L）って？　23

3. B/S と P/L の関係　25

第4章　個人と会社の違いって？ ……………………………… 29

1. 会社って？　29

第2部　企業の財務諸表を見てみよう
　　　―株式会社の財務諸表を読むために
　　　　必要な知識―

第5章　会社を設立するってどういうこと？ ……………… 37

1. 株式会社を設立―B男さんの例　37
2. 開店の準備　40
3. さあ営業開始！　41
4. 会社の価値は増えたか減ったか？　44
5. 売掛金って何？　47
6. 減価償却って何？　49
7. 配当について　55
8. 増資について　59

第6章　実際の会社の財務諸表を見てみよう！ …………… 63

1. 有価証券報告書って？　63
2. 連結財務諸表とは？　65
3. トヨタの連結B/S―資産の部　71
4. トヨタの連結B/S―投資その他の資産　77
5. トヨタの連結B/S―負債の部　79
6. トヨタの連結B/S―資本の部　80

7. トヨタの連結 P/L　85
8. トヨタの連結剰余金計算書　88
9. トヨタの連結キャッシュフロー計算書　91

第7章　財務諸表を使った経営分析 ……………………… 97

1. 経営分析について　97
2. どれくらい儲かっているの？　98
3. どれくらい効率良くお金を稼いでいるの？　101
4. どのくらい安全なの？　103

第3部　株価ってどうやって決まるの？
　　　　　—株式投資の基礎—

第8章　投資するってどういうこと？ ………………… 109

1. 投資の種類　109
2. 金融投資のリターンって？　112
3. 投資の評価方法　115
4. お金の時間的価値って？　—長期投資の評価方法　117
5. 長期投資の評価方法—正味現在価値法
　（Net Present Value Method, NPV）　121
6. 割引率って？　123
7. 投資のリスクって？　125
8. ベータ値って？　—株式投資のリスクを測定するには　128

第9章　株に投資するって？ ……………………………… 131

1. 株価ってどうやって決まるの？　—株価変動のメカニズム　131

2. 株価ってどうやって決まるの？ ―株価の水準の基礎　138
3. 時価総額って？　140
4. 株式評価モデル―割引配当モデル
　　（Dividend Discount Model, DDM）　143
5. 株式評価モデル―株価収益率（Price Earning Ratio, PER）　147
6. 株式評価モデル―株価純資産倍率(Price to Book Ratio, PBR)　150

第4部　割安株の見分け方
　　　―財務諸表を使った企業価値の評価法―

第10章　残余利益モデル …………………………………… 155

1. 残余利益って何？　155
2. 残余利益モデル　158
3. 実際の企業の株主価値を計算してみよう！　160
4. 数社の理論株価を比較してみよう！　163
5. 残余利益モデルの限界と改善点　166
6. ファイン・チューニング　168
7. 株式投資で成功する秘訣　174

参考文献

第1部

あなたの財務諸表を作ってみよう

―財務諸表の基礎―

この部のポイントは財務諸表の基礎を学ぶことです。既に簿記や会計の知識のある皆さんは第2部へ，企業の財務諸表もよく知っているという方は第3部へ飛ばし読みしていただいて構いません。

　財務諸表の基礎と言っても，いきなり企業の財務諸表を見ても混乱するだけなので，まずは「個人」の価値について考え，その価値を表すための道具としての財務諸表について説明していきます。個人も企業も，自己の経済的価値を高めるために経済活動を行っているという点では同じとみなすことができます[2]。

　個人の価値と言ってもいろいろな考え方がありますが，ここではあえて「全財産から借金全てを差し引いた金額」と定義します。これは，会計の世界では「清算価値」と呼ばれる概念で，いわゆる投資の対象としての価値（「投資価値」）とは異なりますが，投資と投資価値について詳しくは第3部で説明します。

　次に，個人の価値を増やすためにはどうしたら良いかについて考え，最終的にはお金を稼ぐことが必要という，いわば当たり前のような結論を先の定義に従って導いていきます。

　この時点で，あなたの価値とその増減を表すためのツールとしての財務諸表を紹介します。特に，ある時点でのあなたの価値を表す，「貸借対照表（バランスシート，B/S）」と，ある期間におけるあなたの価値の増減を表す，「損益計算書（P/L）」について説明し，これらの関連性について学びます。

　この部の締めくくりとして，財務諸表を見る上での個人と企業の相違点について説明し，第2部では，企業の財務諸表をもう少し詳しく見ていくことにしましょう。

---

[2] もちろん，これは短絡的な見方ですが，あくまでも後の説明に必要な前提と考えて我慢してください（でも程度の差はあれ，必ずしも間違いとは言えませんね）。

第1章
個人の価値

1. あなたの価値は？

　あなたの経済的価値はいくら？　と聞かれたらどう答えますか。手持ちの全財産と答える人もいるでしょうし、将来お金を稼ぐ力、いわゆる将来性と答える人もいるかもしれません。これらは全て正しいと言えますが、ここではまず、あなたの価値は「全財産から借金全てを差し引いた金額」と定義することから始めます。そして、その価値を表すためのツールとしての財務諸表を導いていきます。

　でも将来の稼ぎは計算に入れないの？　と不思議に思っているかもしれません。これは「価値」の定義に関わる問題で、仮にあなたの価値を「他人があなたに投資する際の価値」と定義すると、当然将来の稼ぐであろうお金は重要な判断材料となりますね[3]。ちなみにこれを「投資価値」と呼びます。

　しかし、あなたの価値を今日の時点での価値と限定して考えた場合、つまりあなたが明日以降存在しないと仮定すると（不気味な話でごめんなさい）、先に定義した価値の方がより現実的ですね。企業の場合だと、今日いっぱいで倒産すると考えると分かりやすいかもしれません。

　投資価値に対し、後者は「清算価値」と呼ばれ、実は財務諸表が直接表す数

---

[3] 将来の稼ぎはあくまでも期待される金額に過ぎず、必ずしも実現しないことがあることに注意してください。詳しくは第3部参照。

字はこちらに近いものなのです。そのため，本部ではあえてあなたの価値を「清算価値」に絞って考え，第3部で投資について考える際，将来の稼ぎも考慮した「投資価値」に定義し直すことにしましょう。

では，あなたの全財産とはどういったものでしょうか。現金や銀行預金はもちろんのこと，洋服や装飾品，そして車や家などあなたが所有している物全てを含みます。これらは，会計の世界では「資産（アセット）」と呼ばれるもので，**将来あなたにとって価値を生み出すもの**と定義されます[4]。

一方借金の方は，クレジットカードや住宅ローンの残高や，親や他人から借りているお金，さらには未払いの家賃など**支払い義務が発生しているもの全て**を含みます。これらは会計上，「負債（ライアビリティー）」と呼びます。

例を使って考えて見ましょう。例えば，あなたの全財産が100万円で，借金が合計で70万円あるとします。この場合あなたの価値は全財産から借金の合計を引いた金額，つまり30万円ということになります。ちなみに，ここで定義されたあなたの価値を，会計の世界では「純資産」と呼びます。

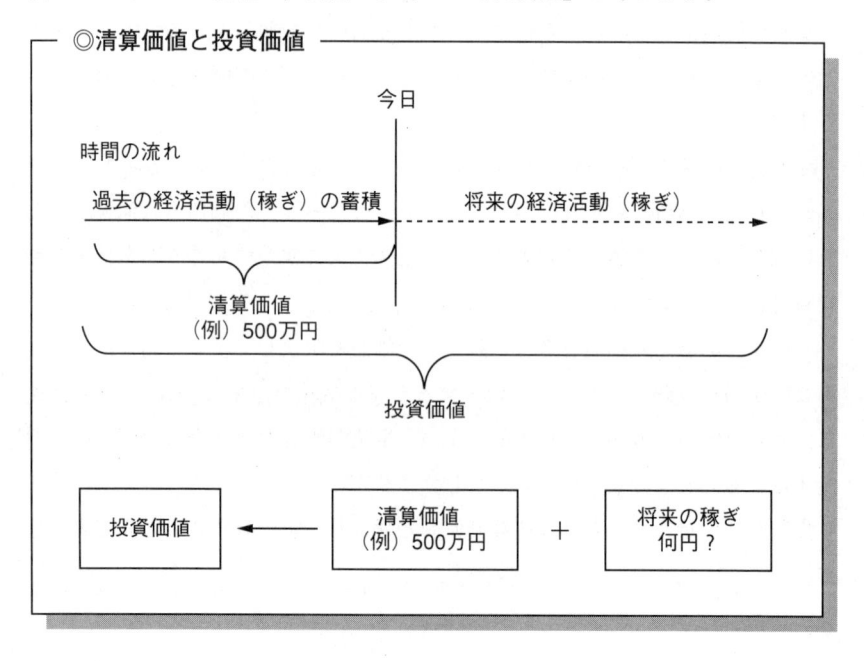

◎清算価値と投資価値

投資価値 ← 清算価値（例）500万円 ＋ 将来の稼ぎ 何円？

◎あなたの価値は純資産（＝総資産－負債）

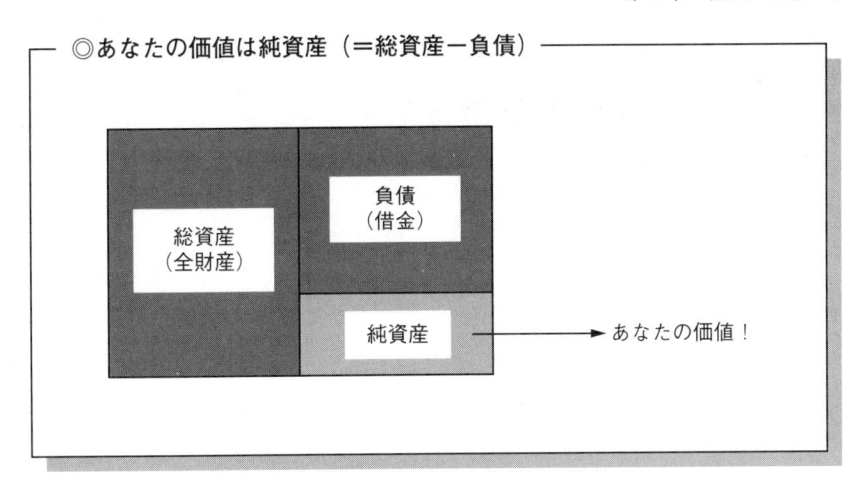

```
┌─────────────────┬─────────┐
│                 │  負債   │
│     総資産      │ （借金）│
│    （全財産）   ├─────────┤
│                 │  純資産  │ → あなたの価値！
└─────────────────┴─────────┘
```

ポイント

⇒ あなたの価値は全財産から借金の総額を引いた金額に等しく，「純資産」と呼ぶ。

⇒ 「資産」はあなたにとって将来価値を生み出すもので，全ての資産をお金に換算して合計した金額を「総資産」と呼ぶ。

⇒ 借金は，将来返済もしくは支払う義務のあるもの全てを含み，「負債」と呼ぶ。

---

[4] ここでは，あなたという存在は企業と同じで，利益つまりお金を稼ぐことだけを目的としていると仮定しています。つまり，あなたの財産は全てお金を稼ぐための道具という，少し極端な前提条件の基に成り立っていることに注意してください。

2. 資産と負債って？

資産と負債についてもう少し詳しく説明しましょう。

前節では，資産を「あなたにとって将来価値を生み出すもの」と定義しました。これには，当然現金や銀行預金，そして車や家など，あなたの所有するものの全てが含まれます。現金や銀行預金は将来利子という価値を生み出しますし，車や家などは，使用したり将来売却することで何らかの価値を生み出します[5]。

では，あなたの価値を計算する際，これらの資産の価値をどうやって評価すれば良いでしょうか。現金や銀行預金はそのままの金額としても，車や家などはどうやってお金に換算するの？　という疑問が出てきます。これは鋭い質問で，実は「資産の評価方法」の問題として，会計の世界でも物議をかもしているのです[6]。詳しくは第2部で説明するとして，とりあえず「現預金以外の財産は買ったときの値段で計算する」と覚えておいてください。これは会計上の決まりの一つで，「取得原価主義」と呼びます。

例えば，100万円の車を購入した場合，この車という資産の価値は100万円として計算します。しかし，年月が経つにつれ車の価値は当然下がっていきますので，何らかの方法で資産価値を修正していく必要が出てきます。会計上はこれを「減価償却」と呼び，一定の規則に従って資産の価値を減らしていく（と同時に費用として計上する）作業を意味します。これも詳しくは第2部で説明することにしましょう。

では，個人の学歴，知識，経験，または過去に取得した各種資格等はどうでしょうか。これらは，一般に「人的資産」や「知的資産」と呼ばれるもので，あなたの将来の稼ぎにつながるであろうという意味において，資産としての資

---

[5] 売却して生まれる価値を「財産価値」と言い，所有したり使用することで価値が生まれるものは「用役潜在力」があると言う。

[6] 「取得原価主義」，「時価主義」，「減損会計」等

格を満たしていると言えますね。しかし会計の世界では，まず確実に将来の稼ぎにつながると判断できないという理由で，これらの知識や資格を取得する際に発生したコスト（学費，教材費等）は資産として計上せずに，各期の「費用」として処理することが決められています（費用について詳しくは第2章参照）[7]。

　つまり，仮に何らかの資格を持っていても確実に収入が増えるという保証はないので，資産とみなさないという考え方です。また，仮にこれら知的資産を資産として計上するとしても，合理的にその価額を評価するのは難しいという問題もあります。教材費や学費は良くても，資格取得にかかった時間や努力は個人差もあり，客観的かつ合理的に評価するのは困難です。こういった理由から，知的資産は資産として計上しないことになっているのです。

　なんとなく納得がいかないと思うかもしれませんが，会計上の資産の定義に当てはめて考えるとそうなるのです。しかし，前述した投資価値を考える場合，当然こういった要素は重要な意味を持ってくるので，何らかの形であなたの価値に反映されるべきものです（詳しくは第3部で説明します）。

　一方負債は他人から借金したお金，もしくは将来他人に支払うべきお金なので，比較的に評価は簡単と言えます。例えば，クレジットカードの残高はステートメントを見れば分かりますし，未払いの家賃も金額は決まっているのでそのままの数字で計算すればOKです。

ポイント

⇒資産は取得した際の値段で計算する。
⇒学歴や資格等は，確実に将来の稼ぎにつながるとは判断できないので，取得にかかったコストは資産として計上せず，費用扱いとする。

---

[7] 企業における「研究開発費」，または従業員の教育やトレーニングにかかった費用等がこれにあたると考えられる。しかし，外部から購入した「特許権」や「営業権」は，基本的に取得原価を価額として資産計上することが認められている。

3. 個人の価値—A子さんの例

　それでは，個人の価値とその計算方法について，A子さんの例を取って見てみましょう。

　A子さんは最近大学を卒業したばかりで，4月1日からソフトウェア開発会社への就職が決まっています。先週，卒業祝いとして両親から現金100万円をもらいましたが，それ以外の財産は何もないと仮定します。このお金は，A子さんが今後ひとり立ちしていくための「元手」として使うように，という両親の思いを込めたプレゼントなので，特に返済する必要はありません[8]。また，幸い学生時代は自宅通学だったので借金も一切ありません。ではA子さんの価値，つまり純資産はいくらでしょうか？

　まずA子さんの全財産，つまり総資産ですが，現金100万円以外には何も所有していないので，100万円となります。借金はないと仮定しましたので負債は0円です。そうすると，A子さんの価値は総資産（100万円）から負債（0円）を引くと，100万円となります。簡単ですね。

　では，A子さんが就職用にスーツを新調したらどうなるでしょうか。1着5万円のスーツを2着作り，全て現金で支払ったと仮定しましょう。この時点での総資産は，現金が90万円と，スーツという10万円の価値のある資産があり，その合計100万円，借金はないので負債は0円です。したがって，この時点でのA子さんの純資産は，スーツを購入する前と同じ100万円となります。つまり，現金等でスーツなどの資産を購入しても，総資産の額は変わらないので，結局純資産の額も変わらないということです。

---

[8] その意味においては，企業の資本と同じようなものです（資本については第2部参照）。

◎100万円を両親からもらった時点(3月20日)

A子さんの価値 (純資産)	=	全 財 産 (総資産)	—	借 金 (負 債)
		現　金　　100	—	0
100	=	100	—	0

◎5万円相当のスーツを2着新調した時点(3月25日)

A子さんの価値 (純資産)	=	全 財 産 (総資産)	—	借 金 (負 債)
		現　金　　　90 スーツ(2着)　10	—	0
100	=	100	—	0

ポイント

⇒現金などの資産を使ってスーツなどの別の資産を購入しても,純資産は変わらない。

第2章 個人の価値を増やすには

1. 借金して物を買うとどうなるの？

　前章では，あなたの価値，すなわち純資産は総資産から負債を引いたもので，また手持ちの現金（資産）でスーツなど別の資産を買っても純資産は増えない，と学びました。では，どうしたら純資産を増やすことができるのでしょうか。実際に資産を増やす方法に触れる前に，借金をして資産を買うとどうなるかについて見てみましょう。

　A子さんの例を続けます。ある日A子さんが渋谷の街を歩いていると，行きつけのバッグ専門店でお気に入りのバッグを見つけたので，仕事用に購入することにしました。値段は3万円でしたが，たまたま現金が不足していたのでクレジットカードで支払ったとします。さて，この時点でのA子さんの純資産はいくらでしょうか？

　総資産は現金が90万円，スーツが2着で10万円，バッグという資産が新しく3万円分増えたので合計103万円です。総資産が昨日より3万円増えたのでA子さんの価値も3万円増えたように見えますが，慌てないで。クレジットカードで買い物するということは，カード会社に代金を支払う義務が発生した，つまり借金したのと同じことです。ということは，クレジットカードの未払い残高3万円は負債と見なされ，純資産を計算する際はこの金額を総資産から差し引く必要があります。結果として，総資産が103万円で負債が3万円なので，

純資産は100万円となり，結局昨日と同じ金額です。

な〜んだと思うかもしれませんが，つまり借金をして資産を増やしてもあなたの価値（純資産）は増えないということです。言い換えれば，借金をして資産を購入した場合，その借金を返済するまではあなたの財産とみなすことはできないということです。だから総資産から借金を差し引く必要があるのです。

では，数週間後にクレジットカード会社に3万円を支払ったとするとどうなるでしょうか。この時点での総資産は，現金が3万円減って87万円，スーツ10万円，バッグが3万円の計100万円です。逆に負債は返済したのでゼロとなり，結果として純資産は100万円となり，前と同じ数字になりました。つまり，現金でバッグを購入した場合と同じ結果になったのです。

◎3万円のバッグをカードで支払った時点（3月27日）

A子さんの価値 （純資産）	=	全 財 産 （総資産）	−	借 金 （負 債）
		現　金　　　　90 スーツ（2着）　10 バッグ　　　　 3		カード　　　　3
100	=	103	−	3

◎カードの残高を支払った時点（4月25日）

A子さんの価値 （純資産）	=	全 財 産 （総資産）	−	借 金 （負 債）
		現　金　　　　87 スーツ（2着）　10 バッグ　　　　 3		カード残高　　0
100	=	100	−	0

ポイント

⇒借金をして資産を買ってもあなたの純資産は増えない。
⇒借金を返済した時点で購入した資産はあたなの財産となり，結局現金で購入した場合と同じ結果になる。

2. 純資産を増やすためにはお金を稼ぐしかない！

　手持ちの現金を使って資産を購入しても，借金して購入してもあなたの純資産は増えないことが分かりました。では，いったいどうやったら純資産を増やすことができるのでしょうか。答えは，当たり前ですが「お金を稼ぐ」ことによって純資産は増えるのです。もちろん，また両親から（返さなくても良い）お金をもらえば純資産は増えます[9]が，恒常的に起こりにくい出来事なので，ここではあえて考慮に入れないことにします。

　では，「お金を稼ぐ」こととはどういうことでしょうか？　最も一般的な方法は，仕事をして給料をもらう，つまり収入を得るということです。自営業の人の場合は商売をして収入を得ますが，お金を稼ぐという行為に変わりありません。なかには競馬やパチンコで一発当てると言う人もいるかもしれませんが，ここではそういうギャンブル好きの人は抜きにして考えます。

　収入を得ること以外にお金を稼ぐ方法はあるでしょうか？　銀行にお金を預けて利子を稼ぐ，または株に投資して配当をもらうといった方法もありますね。ちなみに，前者を「預金」または「貯金」，後者を「投資」と呼びますが，これらについては第3部で詳しく説明することにしましょう（がまんがまん）。

---

[9]　これは企業における増資にあたる（詳しくは第5章第8節を参照）。

ここでは，お金を普通に稼ぐ方法に絞って考えてみます。最も一般的なお金を稼ぐ方法は給料をもらうことだと言いましたが，この点をA子さんの例で考えましょう。

4月はA子さんにとって初出勤の月でしたが，月末に無事初任給の20万円を現金でもらったとします。A子さんの価値は実際に増えたかどうか見てみましょう。月末時点での現金は107万円（87万＋20万），スーツ10万円，バッグが3万円なので総資産は120万円（＝107万＋10万＋3万）と確かに増えています。負債は，クレジットカードの支払いは25日に終えていますので，残高はゼロです。すると，純資産は120万となり，前月より20万円も増えたことになります。

◎4月末に初任給の20万円を現金でもらった時点（4月30日）

A子さんの価値 （純資産）	＝	全　財　産 （総資産）	－	借　　金 （負　債）
		現　金＊　　　107 スーツ（2着）　10 バッグ　　　　　3		カード残高　　　0
120	＝	120	－	0

＊現金＝月初めの残高＋給料＝87＋20＝107

ポイント

⇒純資産を増やすためには「お金を稼ぐ」必要がある。

⇒お金を稼ぐ方法は大きく分けて，給料などの収入を得ることと，投資するの2つがある。

3. 月々の出費はどうなるの？

さて，純資産を増やす方法はお金を稼ぐことと学びました。でも，家賃や光熱費，食費に交通費など，月々の出費はどうなるの？　という疑問が当然出てきます。

これらの出費はあなたが生活していく上で必要なので，当然支払っていかなければなりません。支払うということは，当然その分現金が出て行くということなので，現金という資産が減ることになります。逆に支払わずにしばらく滞納すればどうなるでしょうか。滞納してもいずれは支払うことになる，つまり支払いの義務は残るわけですから，これらは負債の一部と考えます[10]。負債は総資産から差し引かれるので，結局純資産は増えないということになります。

とすれば，どんなにお金を稼いでも純資産は増えないのでしょうか。そんなことはありません。当然ですが，稼いだお金が出費の合計より多ければ純資産は増え，逆に少なければ純資産が減るということになります。

A子さんの例を取ってみることにしましょう。4月の初月給は20万円でしたが，出費としてアパートの家賃が8万円，飲食代が5万円，光熱費と電話代で1万円，その他諸々に1万円かかったとします。そうすると，お金の入りが20万円で出費の総額が15万円なので，差し引き5万円の儲け（黒字）が出ました。純資産はどうなったでしょうか。**現金が92万円（＝87万＋20万－15万）と月初めと比較して5万円増**，スーツ10万円，バッグ3万円で総資産は105万円で，負債はゼロなので純資産は105万円なり。確かに5万円分増えていますね。

では，逆に出費が稼いだお金より多い場合はどうなるでしょうか。例えば，翌5月は学生時代の仲間と就職祝いの飲み会が重なり，飲食代に15万円

---

[10] これを「未払い金」と呼ぶ。詳しくは第2部で説明。

（！）使ったとします。給料とその他の出費は全て4月と同じと仮定すると，出費の総額が25万円となり，差し引き5万円の赤字となることが分かります。純資産を計算すると，**現金が87万円（＝92万＋20万－25万）で5万円減**となり，その他は全て変わらないので，100万円となり前月末の105万円と比べると確かに5万円減っていることが分かります。

◎4月の給料が20万円で，出費が計15万円の場合（4月30日）

A子さんの価値 （純資産）	＝	全　財　産 （総資産）	－	借　　金 （負　債）
		現　金＊　　　92 スーツ（2着）　10 バッグ　　　　 3		カード残高　　　0
105	＝	105	－	0

＊現金＝月初めの残高＋給料－出費＝87＋20－15＝92

◎5月の給料が20万円で，出費が計25万円の場合（5月31日）

A子さんの価値 （純資産）	＝	全　財　産 （総資産）	－	借　　金 （負　債）
		現　金＊　　　87 スーツ（2着）　10 バッグ　　　　 3		カード残高　　　0
100	＝	100	－	0

＊現金＝月初めの残高＋給料－出費＝92＋20－25＝87

ポイント

⇒稼いだお金が出費より多い（黒字）場合は純資産は増え，逆に少ない（赤字）場合は減る。

4. 少しだけ用語の整理

　さて，次章ではいよいよ財務諸表を紹介しますが，その前に少しだけ用語について整理しましょう。これまでは，純資産を増やす方法として「お金を稼ぐ」と言い続けてきましたが，会計の世界では「収益」と呼び，個人や会社がさまざまな経済活動を行った結果得た成果と定義されます。

　一方，月々の家賃や飲食代のことをこれまで出費と呼んできましたが，正式には「費用」と呼び，収益を上げるために費やした努力を総称したものです。また，収益から費用の合計を引いた金額，つまり儲けを「利益」と言い，儲けがマイナス，つまり赤字だった場合は「損失」と呼びます。

　若干補足説明になりますが，費用は収益を上げるために費やした努力と定義しました。つまり，個人の例で言えば，給料をもらうために費やした努力に対して支払ったもの全てということになります。しかし厳密に言えば，企業と違い個人の場合は，月々の出費の全てが給料を稼ぐための努力に対する支払いとは言い切れません。

　例えば，家賃ですが，居住空間としてのアパートの100%を給料をもらうためだけに使用しているということはあり得ず，普通は1か月のうち何%かの時間は個人の休息やレジャーのために使用すると思います。と言うことは，家賃8万円全額を費用として計算するのは，厳密に言えば間違いということになります。

　しかし本書ではあえて，「個人の存在目的はお金を稼ぐ（純資産を増やす）ことのみ」，という少々オーバーな前提条件を基にしていることを思い出してください。つまり，個人が日々生活する上で必要な衣食住に関する出費は，全て会社に出勤して給料を稼ぐための努力と見なしているわけです。

ポイント

⇒個人の経済活動の成果，つまり稼いだお金を「収益」，収益を上げるために費やした努力を「費用」と言う。

⇒収益が費用より多い場合は「利益」，逆の場合は「損失」と呼ぶ。

第3章
いよいよ財務諸表！

1. あなたの財務諸表を作ってみよう
—バランスシート（B/S）

　これまでのところで，個人の価値は純資産，それを増やすためにはお金を稼ぐこと，つまり利益を上げることという点はお分かりいただけたと思います。この章では，あなたの価値を計算する道具として財務諸表を見ていくことにしましょう。

　財務諸表には，主なものとして「貸借対照表」と「損益計算書」の2つがあります。貸借対照表は一般的に「バランスシート」，または「B/S（ビーエス）」と呼ばれ，損益計算書はプロフィット（利益）とロス（損失）の頭文字を取って「P/L（ピーエル）」と呼ばれます。これ以外には，会社の利益をどうやって処分するかを説明した「利益処分計算書」，現金の出入りを記載した「キャッシュフロー計算書」があります。本書では，財務諸表の柱とも言えるB/SとP/Lに絞って話を進めていきます。

　ではまず，バランスシート（以下B/S）から見てみましょう。B/Sとは，ある時点（期日）における資産，負債，そして純資産がそれぞれいくらあるか（これを「残高」と呼ぶ）を記した表です。通常の形式では，資産を左側に，負債と純資産を右側に記載し，左右の合計は必ず同じ金額となるのが特徴です。これは，前述の純資産を計算する式を思い出すとその理由が分かると思います

(以下参照)。

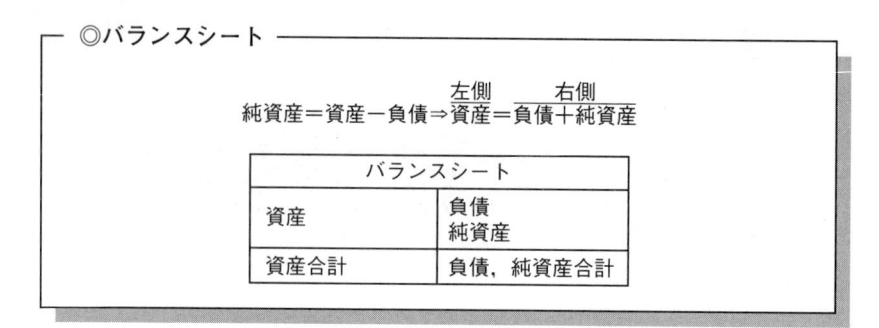

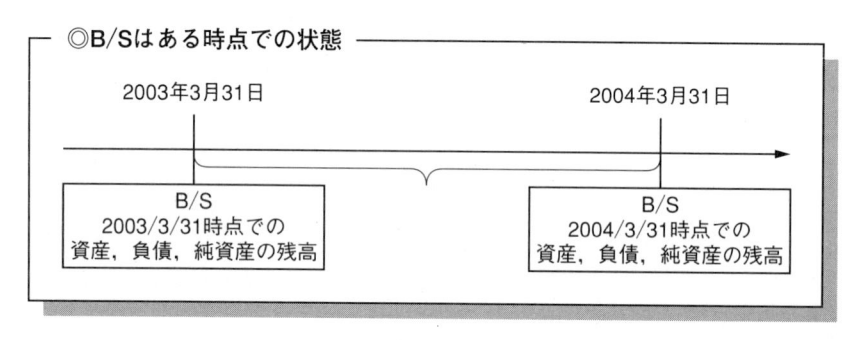

◎バランスシート

純資産＝資産－負債 ⇒ 　左側　　右側
　　　　　　　　　　資産＝負債＋純資産

バランスシート	
資産	負債 純資産
資産合計	負債，純資産合計

◎B/Sはある時点での状態

2003年3月31日　　　　　　　　　　　　2004年3月31日

B/S
2003/3/31時点での
資産，負債，純資産の残高

B/S
2004/3/31時点での
資産，負債，純資産の残高

◎A子さんのB/S

バランスシート A子 2003年4月30日			
資産の部		負債の部	
現　金	92万	カード	0万
スーツ	10万	純資産の部	
バッグ	3万	純資産	105万
資産合計	105万	負債・純資産合計	105万

　ちなみにバランスシートの「バランス」は，左右のバランスが取れているという意味と，「残高」という2つの意味があります。A子さんの4月30日付けのB/Sを作ってみましょう。
　B/Sを考える上でいくつか注意する点があります。まず，資産や負債の種類

や金額（残高）は日々刻々と変わっていくので，B/S に表示されている数字は
ある時点（例えば今日）での金額を示しているということです。つまり，個人
（企業）は毎日経済活動を営んでいるので，今日と明日の時点での B/S を比べ
ると，内容に変化があることが普通なのです。でも，毎日 B/S を作るのは大
変なので，通常は「決算期」に合わせて作成します。

　また，資産や負債を1つずつ別に表示しても良いのですが，数が多くなると
何ページにもなり大変なので，それぞれの性質ごとにグループ分けして表示す
るのが決まりです。例えば，スーツとドレスは同じ衣類なので，資産の中で
「衣類」という「科目」を作って合計の金額を表示する，といった具合です。

　さらに，記載する順番にも決まりがあって，資産の場合は現金に近い順に表
示します[11]。現金に近いとは，資産を売って現金化が比較的簡単にできるとい
う意味です。例えば，現金は現金なのでそのままですが，次に現金に近いもの
としては預貯金があります。車や家などの「固定資産」は，現金にするために
は売り手を探し，手数料等を支払う必要があり，そう簡単にはいきません。し
たがって，B/S 上の表示はずっと下になります。

　負債の部では，支払いが差し迫っている順に表示します。例えば，未払いの
家賃やクレジットカードの残高などは，通常1か月などの短期で支払うことが
要求されるので，「未払い金」として負債の部の上の部分に記載します。逆に，
住宅ローンなどの長期にわたって返済する負債は「長期借入金」として下の方
に表示するのが普通です。

ポイント

⇒財務諸表には「貸借対照表（バランスシート，B/S）」，「損益計算書
　（P/L）」，「利益処分計算書」，「キャッシュフロー計算書」の4つがあ
　る。

⇒貸借対照表は，ある時点での資産，負債，純資産をグループ分けして
　表示したもの。

ワンポイント

〈財務諸表と決算書の違い〉

「決算書」は,「商法」に基づいて全ての会社に提出が義務付けられており,正式には「決算書類」という名称で呼ばれています。決算書類には,①貸借対照表（B/S）,②損益計算書（P/L）,③利益（損失）処分計算書,そして④営業報告書があります。

計算書類の内容や表示方法は,商法の中でも「商法施行規則」と呼ばれる決まりで規定されています。

一方「財務諸表」は,「証券取引法」に基づいて全ての「上場会社」に提出が義務付けられている書類です。上場会社とは,自己の株式が証券取引所や店頭市場で一般に売買されている会社のことです。

財務諸表には,①貸借対照表,②損益計算書,③キャッシュフロー計算書,④利益（損失）処分計算書,⑤付属明細表が含まれます。上場会社は,財務諸表以外にも企業そのものの概況や事業内容,株主の状況など,さまざまな情報を提示することが義務付けられています。これらの全てを記載した書類を「有価証券報告書」と呼びます（詳細は第2部）。このうち,キャッシュフロー計算書は財務諸表の一部ですが,決算書に含まれていません。

財務諸表の内容や様式は,「財務諸表等規則」で規定されており,商法上の決算書よりさらに細かく決められています。

ちなみに,商法は債権者と株主の保護を目的としていることに対し,証券取引法は投資家の保護を主目的としています。

---

11 「現金に近い度合」を「流動性」と言い,このような記述方法を「流動性配列法」と呼ぶ。

2. 損益計算書（P/L）って？

今度は財務諸表のもう1つの柱，「損益計算書（以下P/L）」を見ることにしましょう。P/Lは収益と費用，そして収益から費用の総額を差し引いた「利益（損失）」を記載したものです。つまり，一定期間内にあなたがいくらお金を稼ぎ，またそのためにいくら費用を使ったか，そしてその結果利益（または損失）がいくら出たかを示した表です。

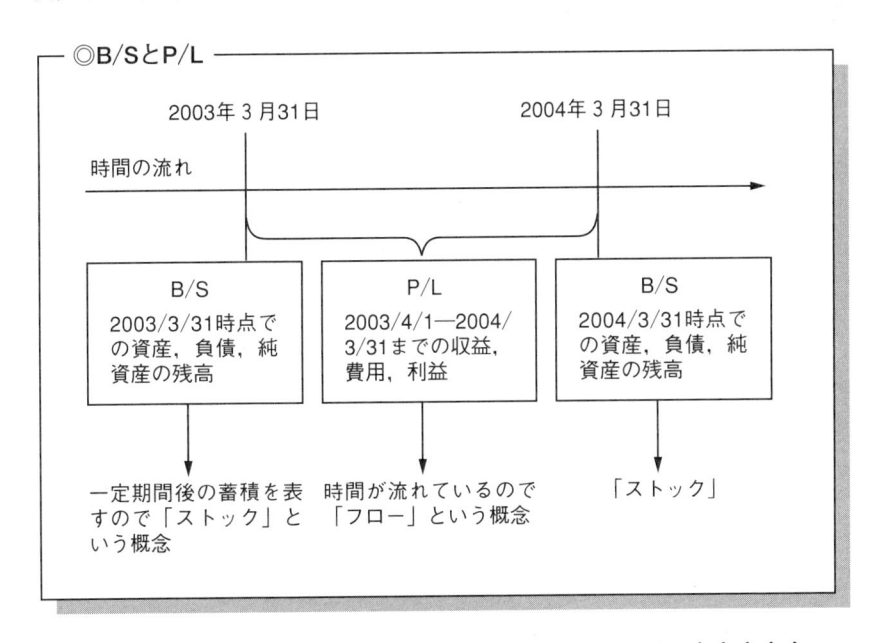

◎B/SとP/L

```
         2003年3月31日              2004年3月31日
時間の流れ ─────────────────────────────────→

   ┌─────────┐    ┌─────────┐    ┌─────────┐
   │   B/S   │    │   P/L   │    │   B/S   │
   │2003/3/31時点で│  │2003/4/1─2004/│  │2004/3/31時点で│
   │の資産，負債，純│  │3/31までの収益，│  │の資産，負債，純│
   │資産の残高    │  │費用，利益   │  │資産の残高    │
   └────┬────┘    └────┬────┘    └────┬────┘
        ↓                ↓                ↓
   一定期間後の蓄積を表   時間が流れているので   「ストック」
   すので「ストック」と   「フロー」という概念
   いう概念
```

B/Sがある時点での資産や負債の額を表すのに対し，P/Lはある期間内における収益と費用を示していることに注意してください。例えば，4月1日から翌年3月末までの1年間の収益と費用，といった具合です。ちなみに，経済学の世界では，B/Sの概念を「ストック（蓄積）」，P/Lを「フロー（流れ）」と呼びます。

では，A子さんの2003年5月のP/Lを作成してみましょう。

◎A子さんの損益計算書（P/L）

損益計算書	
A子	
2003年5月期	
収益	
給　料	20万
費用	
家　賃	8万
食　費	15万
光熱費	1万
その他	1万
利益（損失）	△5万

　B/Sと同じく，記載する科目にも順番があり，通常収益（稼ぎ）が一番上に来て，その後勘定科目ごとに費用，そして最後に利益（損失）が表示されます。費用は，内訳が分かるように，家賃や交際費といった具合に科目に分けて表示します。また損失が出た場合は，通常数字の前に「△」印を付け，はっきりとマイナスになっていることを示します。

　また，本業からの収益（給料）と費用（日々の出費），そしてそれ以外の収益と費用（例えば利子収入）はそれぞれ分けて表示するのが普通です。やはり，計算書を読む人にとっては，本業からの損益とそれ以外の損益を別々に表示されている方が使いやすいですし，より情報が充実していると言えます。これは，企業の価値を評価する上で重要な点なので，よく覚えておいてください（詳しくは第2部参照）。

　最後に用語について一言。損益計算書の「損益」は，損失の「損」と収益の「益」を合わせた単語で，一般的に収益や費用，そして利益と損失を総称した呼び名です。

> **ポイント**
> ⇒損益計算書は，ある一定期間内の収益と費用の内容を表示し，さらに利益（損失）を計算したもの。

3. B/S と P/L の関係

これまでのところ，B/S と P/L の基礎について学びました。思ったほど難しくないと感じているはずです。もちろん，企業の財務諸表はもう少し内容も複雑になり表記方法も異なりますが，基本的な仕組みは同じです。まずは基礎をしっかり理解するようにしましょう。

次に，B/S と P/L の関係について考えてみましょう。復習すると，B/S はある時点でのあなたの資産と負債，そして純資産を表したものであることに対し，P/L はある期間内におけるあなたの収益と費用，そしてその差額の利益（損失）を記載したものと説明しました。

また第2章で学んだように，利益が出ると純資産は増え，損失が出ると減ります。つまり，ある期間内に発生した利益（損失）は，その期間の終わりの時点の B/S に反映される仕組みになっているのです。つまり，この2つの表は独立して存在するのではなく，密接に関連（リンク）しているのです。B/S と P/L の関係を一言で言えば，**P/L 上の利益は B/S 上の純資産を増やし，逆に損失の場合は純資産を減らす**，となります。

本書は会計の実務が本題ではないため細かい説明は省きますが，会計上の規則に従って日々の経済活動を処理していくと，必ず上記の結果になるということだけ覚えておいてください。

A子さんの例で見てみましょう。少し前後しますが，A子さんの4月1日と

26 第1部 あなたの財務諸表を作ってみよう

4月30日付けのB/S，および4月のP/Lを作成してみましょう。

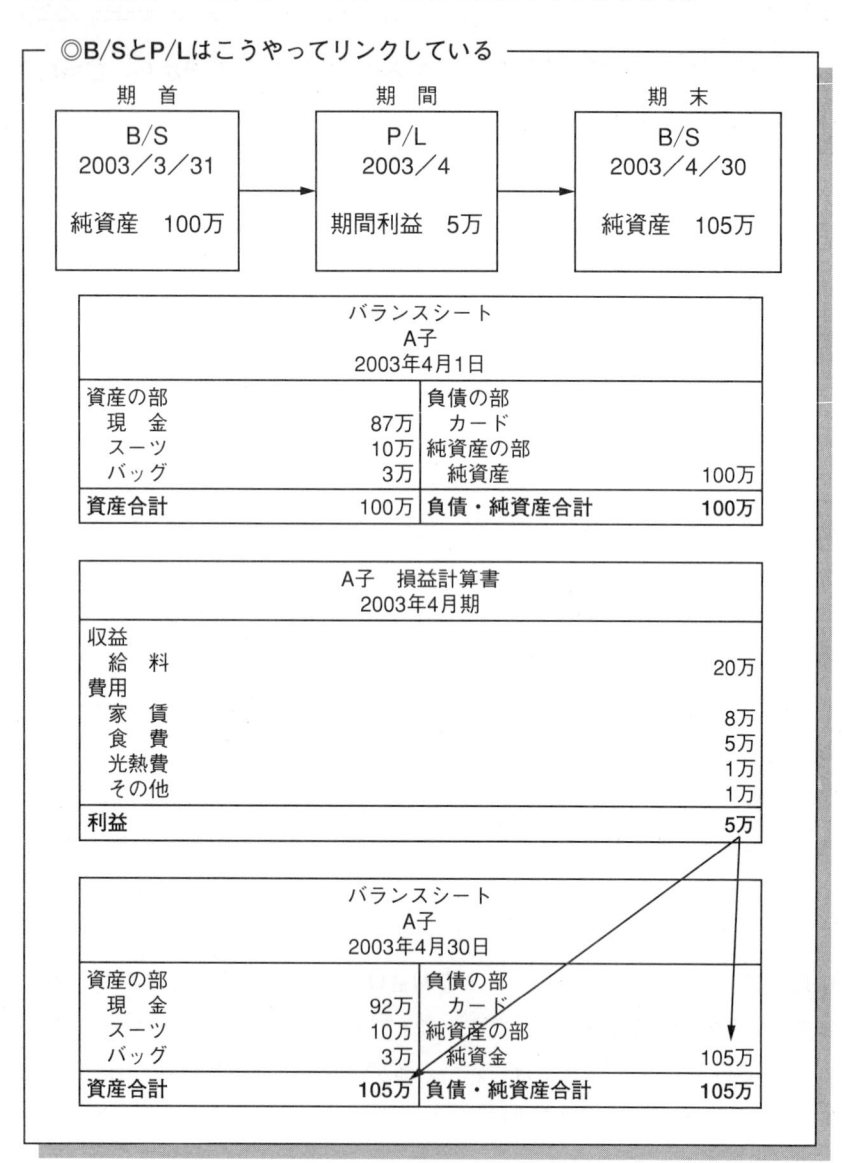

◎B/SとP/Lはこうやってリンクしている

期首	期間	期末
B/S 2003／3／31 純資産 100万	P/L 2003／4 期間利益 5万	B/S 2003／4／30 純資産 105万

バランスシート
A子
2003年4月1日

資産の部		負債の部	
現　金	87万	カード	
スーツ	10万	純資産の部	
バッグ	3万	純資産	100万
資産合計	100万	負債・純資産合計	100万

A子　損益計算書
2003年4月期

収益	
給　料	20万
費用	
家　賃	8万
食　費	5万
光熱費	1万
その他	1万
利益	**5万**

バランスシート
A子
2003年4月30日

資産の部		負債の部	
現　金	92万	カード	
スーツ	10万	純資産の部	
バッグ	3万	純資金	105万
資産合計	105万	負債・純資産合計	105万

ご覧のとおり，月初めと月末のB/Sを比較すると純資産の増減が分かり，同じ期間のP/Lを見ると，どのようにして純資産が増減したかが分かりますね。

ポイント

⇒B/SとP/Lはリンクしていて，P/L上の利益分，期末B/Sの純資産が増える。つまり，B/Sを見ると期間内の純資産がどれだけ増減したかが分かり，P/Lを見るとその増減の理由が分かる仕組みになっている。

第4章
個人と会社の違いって？

1. 会社って？

　これまでは，あなたという個人の価値に絞って考えてきました。第2部で企業の財務諸表について詳しく見ていきますが，その前に個人と企業の違いについて説明しましょう。少々専門的な話になりますが，会社の仕組みを理解するために必要なので，ちょっとだけ我慢してください。

　われわれは，通常「企業」と「会社」を同義語のように使っていますが，実際は少し意味が違います。企業は，経済活動を行う独立した主体全てを指し，広くは国営の企業や農業組合なども含みます。これに対し，「会社」とは商法で定められた法人で，営利目的で作られた社団を指します。会社は法人として独立した主体で，独自で財産を持ったり，他の会社や個人と直接契約を交わすことができます。

　したがって，厳密に言えば会社は企業の中の1つと言うことができます。本書では，これら二語を特に区別せずに使用しますが，あくまでも「株式会社」の価値評価が主題なので，「企業＝会社＝株式会社」を意味していることに注意してください。

　では会社とは何でしょうか。簡単に言えば，利益を追求するために存在する団体のことです。ただし，個人と違い実際の形はなく，法律上の存在なのです。会社の中には，誰がどのようにお金を出して（出資して）作られたか，また何

か問題があった場合の責任の取り方の違いなどによって，「株式会社」，「有限会社」，「合資会社」，「合名会社」の4種類に分けられます（ワンポイント参照）。

　株式会社とは，その名のとおり，「株式」を発行することによって資金を調達して発足した会社を指します。「株式」を購入するということはその会社に投資することで，同時に「株主」，つまりその会社のオーナーになることを意味しています。投資については第3部で詳しく説明しますが，簡単に言えば，見返りを期待して資金を提供することと覚えてください。

　株式会社の特徴の1つは，会社が借金を抱えて倒産しても，株主は自分が出資した金額以上は責任を負わないというルールがあります（「有限責任」）。もう1つの特徴は，所有権（オーナーシップ）と経営権が分離していることで，実際の経営は，株主が株主総会を通して選任した経営者が担当します。

　では，これまで見てきた個人と株式会社の違いとはどこにあるでしょうか。1つは，個人は生まれてきた時点で存在するので自動的に権利と義務が発生しますが（自然人），株式会社の場合は，株主から資金を調達して発足するまでは存在しません。

　もう1つの特徴は，株主は通常複数で，大きい企業になると何万人という株主が存在します。つまり，所有権が分散していることです。つまり，個人の場合純資産はあなた1人のみに帰属しますが，株式会社の場合は出資した金額（「出資比率」）によって複数の株主に帰属します。

　例えば，100万円の純資産を持つ株式会社に，同額の出資をした株主が2人いる場合，それぞれの出資比率は50％，つまり各人半分ずつ会社を所有していることになります。ちなみに，株主が投資した資金を「資本」，または「株主資本」と呼び，個人にとっての純資産にあたります。そして，会社が利益を稼ぐことによって株主資本が増えていく，つまり会社の価値が増えていくということです。そうです。個人の例と同じですね。

◎株式会社の仕組み

経営者

会社＝法人
独立した主体

投資家

投資＝株主となる

雇用して報酬を払う

◎株券＝投資した証明
◎儲かった際の分け前
　配当，値上がり益

従業員

ポイント

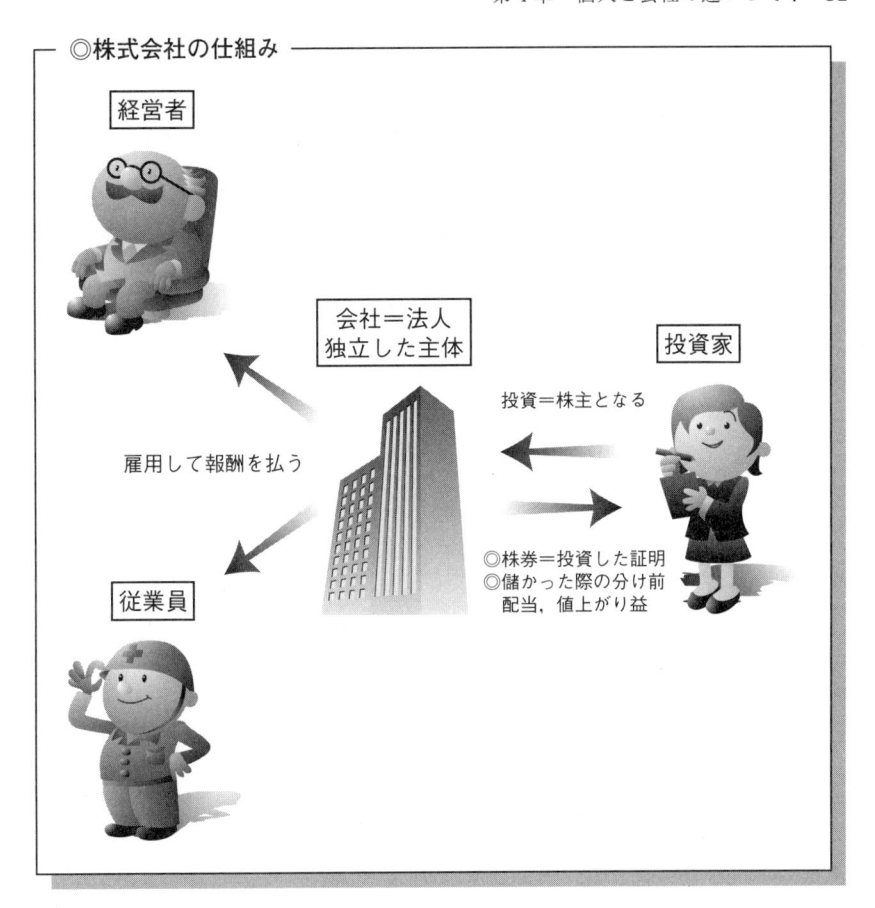

⇒「株式会社」とは，利益を追求する目的で，株式を発行することによって資金を調達して発足した団体のこと。

⇒株式会社の特徴は，オーナーの有限責任と，所有権と経営権の分離。

⇒個人と株式会社の違いは，純資産が複数の株主に帰属していること。

⇒株式会社の場合，株主が投資した資金を「株主資本」と呼び，個人にとっての純資産にあたる。

ワンポイント

〈会社の種類〉

　会社には，株式会社，有限会社，合資会社，合名会社の4つの形態があります。これらの大きな違いは，会社が倒産した場合などに債権保持者に対してどういった責任を取るか，所有権（持分）を自由に譲渡できるか，出資額の大きさなどがあります。

　「無限責任」とは，例えば会社が100万円の借金を負って倒産した場合，通常は会社の資産を売ってその支払いに充てますが，それでも足りない場合は，出資者の個人の財産を使っても支払う義務があるという意味です。これに対し，「有限責任」とは，会社が借金を抱えて倒産しても，各出資者は自分が出した金額以上の責任は負わないという意味です。

　つまり，有限会社や株式会社が倒産した場合，その出資者（株主）は，自分が投資した金額は全て失ってもそれ以上の責任はないということです。逆に債権保持者にとっては，貸したお金が全額返ってこないかもしれないというリスクを負うことになります。そのため有限会社や株式会社は，債務保持者保護の目的で，一定額の資本金を準備金として積み立て，必要以上の資本が社外に流出しないようにする，等の商法上の制限があります。

　しかし，投資者の立場から見れば，有限会社や株式会社の方がリスクが少ないため投資しやすくなり，お金を集める会社から見ると資金を調達しやすい，というメリットがあります。

　株式会社と有限会社は，基本的な構造は同じですが，株式会社の方が大きな企業向けの形態と言えます。これは，有限会社は設立や運営は比較的簡便ながら，従業員数は50人までといった制限が設けられているからです。

	出資者(社員)の責任範囲	持分の譲渡	経営責任	出資金	社員数
株式会社	有限	自由	「取締役会」	1,000万円以上	1名以上
有限会社	有限	自由	各取締役	300万円以上	1名以上50人まで
合資会社	有限責任社員⇒有限 無限責任社員⇒無限	無限責任社員の同意が必要	無限責任社員	各社員1円以上	各1名以上
合名会社	無限	全社員の同意が必要	社員	各社員1円以上	2名以上

第2部

企業の財務諸表を見てみよう

――株式会社の財務諸表を読むために必要な知識――

第1部では，個人の例を使って財務諸表の基礎について学んだので，本部では企業，特に株式会社の財務諸表について見ていきましょう。企業の財務諸表は，資産や負債の詳しい内訳だけでなく，どうやってお金を稼いでいるか，また稼いだお金をどうやって使用しているかといった情報も読み取ることができます。

　財務諸表を作成するためには会計に関する専門知識が必要ですが，本書の目的は財務諸表を使用することなので，必要最低限のポイントに絞って紹介していきます。財務諸表を作成する上で，いくつかの前提条件や規則がありますが，特に「発生主義」や「取得原価主義」は諸表の内容を理解する上で重要なので，簡単な例を使って説明します。

　個人の場合と違い，企業（特に株式会社）は通常複数のオーナー（株主）が存在するため，B/S上の（株主）資本の部が少し複雑です。これは，企業の投資価値，特に株主にとっての価値を考える上で重要なポイントなので，じっくり考えてみましょう。

　そして，実際の企業の財務諸表を見ていきます。子会社を何社も抱えているような大企業は，単体の財務諸表だけではなく，子会社や関連会社の数値も組み込んだ，いわゆる「連結財務諸表」を作成することが義務付けられています。企業価値を評価する場合，単独のものよりは連結財務諸表の方が重要ですので，こちらを重点的に見ていきます。

　財務諸表の数値を分析することで，企業がどのくらい儲かっているか（収益性），どの程度効率良くお金を稼いでいるか（資産の運用効率），そして財務の状態はどうか（安全性）などが分かります。これらを総じて「経営分析」と呼びますが，この部の締めくくりに経営分析によく使われる指標，そして各種比率を数点紹介します。

　経営分析は，企業の収益性や効率を分析するのに便利ですが，それだけでは企業の価値評価につながりません。企業価値の評価方法は，第4部で詳しく見ていきます。

第5章
会社を設立するってどういうこと？

1. 株式会社を設立——B男さんの例

　企業の財務諸表を見る前に，株式会社を設立することの意味，また設立したばかりの会社の財務諸表がどういうものなのかについて，例を使って見ていきましょう。

　B男さんは高校卒業後上京し，都内のデパートやブティックで数年経験を積んだ後，長年の夢だったTシャツショップを開くことになりました。店名は「B's T」で，商品のTシャツはニューヨーク在住の友人を通して仕入れる予定です。出費を抑えるために，当面は販売から代金の徴収まで全てインターネットを通して行います。また，従業員も雇う余裕はないので，自分ひとりで全てこなしていく予定です。

　仮に，4月1日に自分の貯金から300万円の資金を投じてB's Tを設立したとします[12]。言うまでもなく，この日が会社にとっての誕生日で，この日をもってこの世に存在することになります。株主から調達したお金を「資本金」，投資した人を「株主」と呼ぶことは既に説明しました。B's Tはこの時点で他

---

[12] 厳密に言えば，資本金300万円以上1,000万円以下の会社は「有限会社」となり，1,000万円以上から「株式会社」となります。

に株主はいないので、B男さんが100％所有していることになります。

また、株式会社は株主に対して、資本金を受け取った証拠として「株券」を渡します。株券には、会社名や何株分といった株数などが表記されています。所有する株数を会社がこれまでに発行した株の総数（「発行済株数」）で割ると、会社の何％を所有しているか、つまり「出資比率」が分かります。例えば、**B's T**が今回全部で60株発行したとすると、B男さんは全株持っていますので出資率は100％、つまり100％オーナーというわけです。また、1株当たりの価額は、出資額を株数で割って5万円となります（＝300万÷60株）[13]。

この時点でのB男さんの会社の財務諸表を見てみましょう。設立当初の8月1日の時点ではまだ何も活動していないので、まずはバランスシートを作ってみましょう。

◎300万円の資本金で会社設立

B's T バランスシート 2003年4月1日			
資産の部		負債の部	
現　金	300万		
		資本の部	
		資本金	300万
資産合計	300万	負債・資本合計	300万

B's Tの資産は現金が300万、借金はないので負債はゼロとなり、300万円全てが「資本」となります。株主から集めたお金は、資本の部の「資本金」として計上されます。これは個人の場合の純資産と同じで、実際に純資産と呼ぶこともあります。仮に、株主以外に銀行等からも資金を調達した（借金した）場合は、当然ながらその分現金と負債が増えることになります。個人の場合と同じで、借金をして資産を増やしても純資産は増えません。

---

[13] 株券は発行時に1株当たりの金額が決まっているもの（額面株）とそうでないもの（無額面株）がありますが、2001年の商法改正で、新しく発行される株は全て無額面となりました。

◎仮に設立直後にさらに銀行から100万円借り入れた場合

B's T バランスシート 2003年4月2日			
資産の部		負債の部	
現　金	400万	借入金	100万
		資本の部	
		資本金	300万
資産合計	400万	負債・資本合計	400万

　ちなみに，企業の財務諸表を作成する頻度は，会社の規模や株式を公開しているか等によって異なりますが，どんなに小さい会社でも最低1年に1回は正式な諸表を作成する必要があります。これは，税金の計算をしたり，会社の業績を株主に公表するのが主目的です。財務諸表を作成する行為を「決算」と言い，営業年度の最終日，つまり決算を行う日を「決算日」と呼びます。

　また，株式が証券取引所などで取引されている大企業（上場企業）は，2003年から四半期ごと（3か月に1回）に財務諸表を公表することが義務付けられました。しかし，法律等で定められている以外に，会社の業績をなるべく迅速に知る等の目的で，ほとんどの企業は最低月に1回，内部資料としての財務諸表を作成しているところが多いようです。

　便宜上，**B's T** の営業年度は4月1日から翌年3月末までで，したがって決算期は毎年3月31日となります。

ポイント

⇒株式会社に投資した人を「株主」と呼び，投資された資金はB/S上の「資本の部」で「資本金」として記載される。

⇒会社が借金した場合，その分，負債と資産（現金）が増えるが，株主資本は変わらない。

⇒会社が財務諸表を作成することを「決算」と言い，最低1年に1回は必要。営業年度の最後の日を「決算日」と呼ぶ。

2. 開店の準備

　B男さんの夢がかなって **B's T** はこの世に誕生しましたが，現金だけでは商売が成り立ちません。早速，現金を使ってコンピューター1台（30万円），仕事用机と椅子（3万円），文房具やその他の事務用品（1万円）を買いました。一安心と思ったら，肝心の商品が揃っていないことに気付きました。早速，ニューヨークの友人に連絡し，とりあえず最新のTシャツを20枚（送料込みで各2千円で計4万円分）を購入しました。この時点でのB/Sを見てみましょう。

B's T バランスシート			
2003年4月2日			
資産の部		負債の部	
現　金＊	262万		
棚卸資産	4万	資本の部	
事務用品	1万	資本金	300万
家　具	3万		
パソコン	30万		
資産合計	300万	負債・資本合計	300万

＊現金＝300－（4＋1＋3＋30）＝262

　資産の部の2つ目，棚卸資産に注目してみましょう。お察しのとおり，これはニューヨークから取り寄せたTシャツ20枚分の金額です。しかし，他の資産と異なり，将来販売することを目的として一時的に所有している商品なので，「棚卸資産（インベントリー）」と呼ばれ，他の資産と区別します。棚卸資産は，商いを営む会社にとっては最も重要な資産の1つなので，後でもう少し詳しく見ることにします。

　棚卸資産は1点ごとに別々に表示する必要はなく，合計金額（4万円）で記載して良いことになっています。注意すべき点は，購入してから販売するまでは資産の一部として記載し，売れた時点で初めて費用（「売上原価」と呼ばれ

る）となることです。逆に言えば，売れずに残っている棚卸資産はそのまま資産の部に残り，費用になりません。

　もちろん，資産として保有しているだけでは収益は上がりませんし，保有すると保管のためのコストや，商品が古くなり価値が下がるといったデメリットがあるので，できるだけ早く売った方が賢明と言えます。次節で実際の例を見ることにしましょう。

　B/S上の資本（純資産）は以前と同じで300万円ですね。その理由は，現金38万円分が他の資産に化けただけなので，総額は変わらないのです。

ポイント
⇒あとで売ることを目的として購入した商品は，「棚卸資産」として資産の部に計上し，実際に売れた時点で，売れた分の仕入れ価格を「売上原価」費用として計上する。

3. さあ営業開始！

　パソコンや事務用品も購入したし，商品のTシャツも揃ったのでいざ営業開始です。まずは，友人知人にメールでカタログを送るなどして営業した結果，4月末までに20枚あったTシャツのうち10枚が売れました。1枚当たりの代金は5千円なので，売上の合計は5万円(＝5,000円×10枚) です。全ての販売は現金で支払ってもらったので，売上と同じ金額だけ現金が増えました。

　費用の方は，電気代などの光熱費が1万円，電話料金が1万円の計2万円でした。**B's T**は別にオフィススペースを借りずにB男さんのアパートで活動しているため，会社として支払う家賃はゼロとなります。もちろん，B男さん個人としては家賃を支払う必要がありますが，とりあえずは会社の費用としては

計上しないことにします。正しくは，会社のために使用した分（例えば50％）の家賃は会社の経費として計上し，B男さん個人に払い戻す必要がありますが，ここでは端折って考えることにしましょう。

また，B男さんが営業活動に使った労働の対価として，**B's T**はB男さんに給料を払うことも可能ですが，B男さんの方針である程度儲かるまでは給料は取らないことにしています。したがって，人件費もゼロとなります。

それでは財務諸表を見てみましょう。4月の財務諸表は，4月中の営業実績と4月末での資産や負債の残高を示すものですが，どちらの財務諸表を先に作成すれば良いでしょうか。先に見たように，期間中の損益によって期末の資産や負債の残高が決まるため，まずはP/Lを作成して損益を確定する必要があります。そして，4月末時点でのB/Sを作成すれば，期間中純資産（株主資本）が増えたかどうかが分かります。

◎売上原価と棚卸資産

月初めに9枚各1,000円で購入

棚卸資産は千円×9枚で9,000円

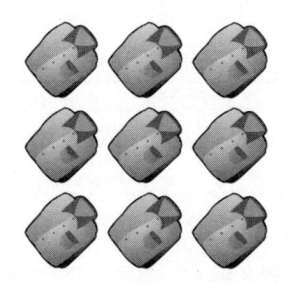

1か月で6枚，各2,000円で売れたので，残りは3枚

売上は2千円×6枚＝12,000円
売上原価は千円×6枚＝6,000円
（仕入れ値×売れた枚数）

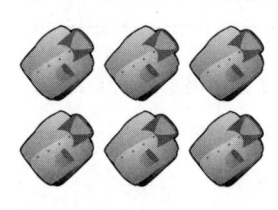

期末の**棚卸資産**は…
千円×3枚＝3,000円

◎P/L上の表示

B's T 損益計算書	
2003年4月期	
営業損益の部	
売上高	5万
売上原価	2万
売上総利益	3万
販売費及び一般管理費	
光熱費	1万
電話料金	1万
営業利益＊	1万

＊営業利益＝売上－売上原価－その他の経費＝5－(2+1+1)＝1

B's T バランスシート 2003年4月30日			
資産の部		負債の部	
現　金＊	259万		
棚卸資産（40枚）＊	8万	資本の部	
事務用品	1万	資本金	300万
家　具	3万	利益剰余金＊	1万
パソコン	30万		
資産合計	301万	負債・資本合計	301万

＊現金＝(262+5－1－1－6)＝259
＊棚卸資産＝(4－2+6)＝8
＊利益剰余金＝当期利益＝1

　損益計算書は基本的に個人と同じで，まず収益そして経費の順で記載し，最後に利益を表示します。売上原価（英語では"Cost of Goods Sold"）は，他の経費と比べて金額も大きい上，商業や製造業を営む会社にとっては重要な意味を持つため，わざわざ別に表示するのが決まりです。また，売上から売上原価を差し引いた金額を「売上総利益（"Gross Margin"）」と呼び，これも重要な指標となります。

　売上原価と棚卸資産の関係を見てみましょう。月初めにはTシャツは20枚，

4万円分あり，期間中に新たに30枚を合計6万円で購入したとします。1枚当たりの原価は変わらず2千円です。4月中に10枚売れたのは前述しましたので，10枚分の仕入れ値，つまり2万円が売上原価となります。そうすると，4月末の時点ではまだ40枚売れ残っていますので，その分の仕入れ値の8万円が期末の時点での棚卸資産の残高となります。

売上総利益は，売上高から売上原価を差し引いたものなので，3万円となります。また，売上総利益からその他の一般経費を差し引いた金額を「営業利益」と言います。

ポイント

⇒総売上から売上原価を引いたものを「売上総利益」と呼ぶ。
⇒総売上から売上原価とその他の一般経費を差し引いたものを「営業利益」と呼ぶ。

4. 会社の価値は増えたか減ったか？

B's Tの4月期の財務諸表をもう少し見てみましょう。P/Lに表記されるように，この期間中同社は1万円の利益を上げました。とすると，会社の価値は同額分増えていなければなりませんね。実際はどうでしょうか。B/Sを見てみましょう。

たしかに，総資産と負債・資本が1万円ずつ増えていることが分かります。なんとなく手品みたいな感じがしますが，会計原則に従って必要な会計処理をすると上記の結果が得られるのです。詳しくは簿記や会計のテキストに譲りますが，会計処理を正しく行うとこうなることだけ覚えておいてください。

では，B/Sのどの部分を見れば企業の価値が増えたかどうかが分かるので

◎利益剰余金の増減

会社が儲かると…

BS	
資産	負債
	資本
	利益剰余金
総資産	負債，資本

利益剰余金（資本の一部）が増える。

逆に損失が続くと…

BS	
資産	負債
	資本
	利益剰余金
総資産	負債，資本

剰余金が減り…

BS	
資産	負債
	資本
	欠損金
総資産	負債，資本

最悪余剰金がマイナスになり（＝「欠損金」）、最後には「債務超過」になる恐れも…

債務超過：欠損金＞株主資本＝資産＜負債

しょうか。資本の部の「資本金」の下に「利益剰余金」という科目がありますが、これは会社が設立以来獲得した利益を蓄積したものです。つまり、「利益剰余金」は、企業の価値の増減を表すとても重要な科目なのです。B's T は今月初めに設立したばかりなので、利益剰余金は1万円のみですが、今後利益を上げ続ければその分利益剰余金が増えていきます。

仮に損失が出た場合はどうなるでしょうか。基本的に、損失が出るとその分剰余金が減りますので、損失が続いた場合は剰余金がマイナス、いわゆる「欠損金」となることもあります。欠損金が増え続け、その総額が資本金の額を上回ると「債務超過」、つまり負債の総額が総資産を上回る状態となります[14]。これは企業にとっては危険な状態で、赤信号が点いているようなものです。

債務超過の問題は、現在の日本の銀行を悩ましている問題の1つですが、これについてはまた別の機会に掘り下げることにしましょう。大切なのは、B/Sの利益剰余金を見ると、企業がこれまでに蓄積してきた利益、つまり企業価値の増減が分かるということです。資本の部については、後でもう一度詳しく見直すことにしましょう。

ポイント

⇒ 期間中に上げた利益（損失）は、資本の部の「利益剰余金」に加算（減算）される。

⇒ 利益剰余金は、企業が設立して以来獲得した利益を蓄積したもの。

⇒ 損失が続くといずれは利益剰余金がマイナスとなり（欠損金）、そして欠損金の額が資本を上回ると「債務超過」に陥る。

---

[14] これは、第1部で説明した会計の方程式、純資産（資本）＝資産－負債を使って考えるとよく分かります。損失が純資産の総額を超えると式の左側がマイナスとなる、ということは資産＜負債となることが分かりますね。

5. 売掛金って何？

　5月になっても **B's T** の売上は好調です。NYの新鋭のデザイナーが作ったデザインが受け，ウェブサイトに問い合わせが相次ぎ，結果として5月1か月で50枚のTシャツが売れました。1枚当たりの料金は5千円なので，総売上はなんと25万円です。また，月半ばで在庫がなくなることを見込んでさらに30枚（6万円分）仕入れました。

　今月は，1人で10枚も買ってくれる大口のお客がいました。しかし，たまたま現金を持ち合わせていないということだったので，6月の第2週までに支払ってもらう約束で販売しました。売上の内容と金額，支払い猶予期間をお互い確認するために，請求書を発行して渡しました。

　上記の取引は，お客を信用した上での取引なので「信用取引」と呼び，ビジネスを営む上ではなくてはならないものです。信用取引で売った商品は，現金が回収されるまでは「売掛金」という資産としてB/Sに表示します。現金での売上の場合は，現金（B/S）と売上高（P/L）が同額分増えることは既に学びましたが，信用取引の場合は現金の代わりに「売掛金」が増えるという仕組みです。売掛金は，近い将来現金になるので，当然資産の一部で，しかも比較的現金に近い種類とみなされます。

　なぜ現金が入るのを待ってから売上を計上しないかと言えば，商品を引き渡した時点で取引は完了するので，そこで売上が発生したと見なされるからです。つまり，現金のやり取りのあるなしに関わらず，売上が発生した時点で計上するというのが会計上の決まりなのです（これを「発生主義」と言う）。これに対し，現金が動いた時点で初めて取引を計上するやり方を「現金主義」と言いますが，通常の企業の会計ではこの方法は認められていません。

　では，**B's T** の例で見てみましょう。

B's T 損益計算書
2003 年 5 月期

営業損益の部	
売上高	25 万
売上原価＊	10 万
売上総利益	15 万
販売費及び一般管理費	
光熱費	1 万
電話料金	1 万
営業利益＊	13 万

B's T バランスシート
2003 年 5 月 31 日

資産の部		負債の部	
現　金＊	271 万		
棚卸資産（20 枚）＊	4 万	資本の部	
売掛金	5 万	資本金	300 万
事務用品	1 万	利益剰余金＊	14 万
家　具	3 万		
パソコン	30 万		
資産合計	314 万	負債・資本合計	314 万

＊現金＝(259+20−1−1−6)＝271
＊棚卸資産＝(8+6−10)＝4
＊利益剰余金＝期首残高＋当期利益＝1+13

　まず損益計算書は，総売上が 25 万円で売上原価が 10 万円なので，売上総利益は 15 万円です。その他の経費は前月と同じで 2 万円なので，営業利益は 13 万となり，同額分利益剰余金が増えていることに注目してください。そして，バランスシート上の現金は，現金売上分の 20 万円が増加し，その他の経費を支払った分減っています。信用取引で売った分は，売掛金として計上されています。売掛金は，実際にお客から支払いがあった時点でゼロとなり，その現金が増えることになります。売掛金を計上した際に既に売上は計上したので，入金があった時点では売上高には影響はありません。

売掛金は，現金に近いと言ってもそれ自体は現金ではないので，従業員の給料を支払ったり，銀行に預金することはできません。それに，売掛金の中には時間が経って回収できなくなるものもありますので，なるべく早く回収する努力をしなければなりません。特に，売掛金が売上高の伸び率を上回って増えている場合などは要注意です。

ポイント

⇒ツケで売った分は「売掛金」として計上し，支払いがあった時点で現金と振り替える。

⇒現金が動く動かないに関わらず，取引が発生した時点で計上するという会計上の決まりを「発生主義」と言う。

6. 減価償却って何？

B's T を設立してから早くも１年が経とうとしています。この１年間はＢ男さんにとってとても充実していました。設立当初から現在（2004年3月25日）の間に800枚のＴシャツが売れ，年間の総売上は400万円に達しました。もちろん売上が増加した分経費も増えましたが，倹約家のＢ男さんは出費もできる限り抑え，結果として200万円の営業利益を上げました。

B's T の営業年度は４月１日から翌年３月末までなので，３月31日の「決算日」が迫っています[15]。つまり，年間の財務諸表を作成しなければなりません。しかし，その前にいくつか年末の調整をする必要があります。その１つが減価償却費を計上することです。

---

[15] 決算日をいつにするかは基本的に会社の自由です。

減価償却とは、家具やパソコンなどの固定資産は時間が経つにつれて価値が下がっていくため、一定の規則に従って資産の価値を下げ、その分を経費として計上する作業のことです。**B's T**の場合は、開店と同時に机とパソコンを購入し、これらを固定資産として計上しましたが、B/S上ではいまだに購入価格（取得原価）で表示されています（第1章参照）。したがって、減価償却を計上してこれら資産の価値を毎年下げていくと同時に、同じ金額を「減価償却費」という形で費用として計上することが義務付けられています。

　問題は、各期の減価償却の金額をどうやって計算するかですが、資産価値の減少の度合いを客観的に算出することは困難なため、通常一定の計算式に従って計算します。計算の方法には、資産の価値を一定の金額で償却する「定額法」と、一定の比率で償却する「定率法」の2つがあります。実際の計算の仕方については、「ワンポイント」を参照ください。

　B's Tは、全資産に定額法を使用しています。では、月末時点でのP/LとB/Sを見てみましょう。

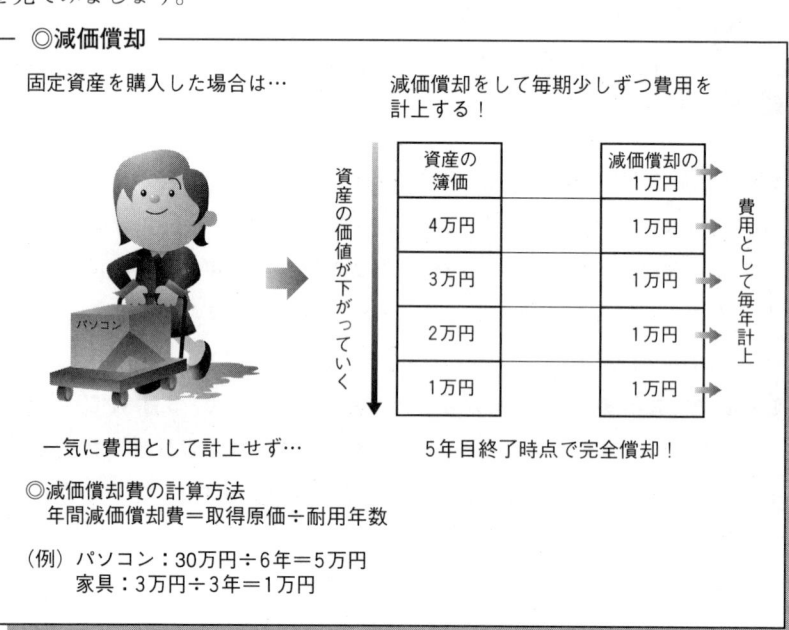

◎減価償却

固定資産を購入した場合は…

減価償却をして毎期少しずつ費用を計上する！

資産の簿価	減価償却の
	1万円
4万円	1万円
3万円	1万円
2万円	1万円
1万円	1万円

資産の価値が下がっていく

費用として毎年計上

一気に費用として計上せず…　　　5年目終了時点で完全償却！

◎減価償却費の計算方法
　年間減価償却費＝取得原価÷耐用年数

　（例）パソコン：30万円÷6年＝5万円
　　　　家具：3万円÷3年＝1万円

◎決算期の財務諸表―減価償却を含む

B's T 損益計算書 2004年3月期	
営業損益の部	
売上高	400万
売上原価＊	160万
売上総利益	240万
販売費及び一般管理費	
光熱費	20万
電話料金	20万
減価償却費（家具）	1万
減価償却費（パソコン）	5万
営業利益＊	200万

B's T バランスシート 2004年3月31日			
資産の部		負債の部	
現　金＊	456万		
棚卸資産（30枚）	6万	資本の部	
売掛金	10万	資本金	300万
事務用品	1万	利益剰余金＊	200万
家　具	3万		
減価償却累計額＊	1万		
パソコン	30万		
減価償却累計額＊	5万		
資産合計	500万	負債・資本合計	500万

＊家具の正味額＝取得原価－減価償却の累計＝3－1＝2
＊パソコンの正味額＝30－5＝25

　まずP/L上で，家具とパソコンの減価償却費がそれぞれ1万と5万ずつ計上されていますね。そして，これら2つの資産のB/S上の価値がそれぞれ1万円，5万円ずつ，減価償却累計額として差し引かれています。P/L上の経費（減価償却費）とB/S上の科目（減価償却累計額）は，金額は同じでも呼び名が違うことに注意してください。

それでは，期末の時点でのこれらの資産の価値はいくらになっているでしょうか。パソコンを例に取ると，期首の価値は30万円で年間の減価償却が5万円なので，期末での価値は30万円から5万円を引いて25万円となります。ちなみに，B/S上で取得価格から減価償却の累積額を引いた金額を「簿価」と呼びます。では，パソコンの簿価は何年後にゼロになるでしょうか。答えは6年経過後で［30万円－（5万円×6年）］，耐用年数と同じです。これは，年間償却額を計算する式を見ると明らかですが，耐用年数分償却を続けると累積額は取得原価と同じとなり，したがって簿価はゼロとなります。

　減価償却は，現金の支払いを伴わない経費なので，通常の経費とは性質を異とします。

ポイント

⇒ 減価償却とは，固定資産を使用することによって価値が減少するので，その減少分を毎期の経費（「減価償却費」）として計上すること。また費用と同額分，資産の価値も「減価償却累計」としてB/Sに計上され，資産の価値をその分減らしていく。

⇒ 減価償却費の計算方法は，「定率法」と「定額法」の2つがあり，どちらを使用するかは会社の自由。

⇒ 資産の寿命を「耐用年数」と呼び，資産の種類によりある程度決められている。

ワンポイント

〈減価償却費の計算方法―定額法と定率法〉

　減価償却費の計算方法には，大きく分けて「定額法」と「定率法」の2つがあります。

1. 定額法

　まずは，有形固定資産を向こう何年使用するか，つまり資産の寿命がどのくらいあるかを決定します。これを「耐用年数」と言います。耐用年数は，税法に従い，資産の種類によりあらかじめ決められています。例えば，機械類なら5年，建物などは30年といった具合です。

　定額法は，資産の取得原価を耐用年数で割って毎年の減価償却額を求めます。例えば，耐用年数5年のパソコンを5万円で購入した場合，毎年の減価償却額は1万円(＝5万÷5年) となります。

	1年	2年	3年	4年	5年
減価償却費	10,000	10,000	10,000	10,000	10,000
累　計	10,000	20,000	30,000	40,000	50,000
未償却分（簿価）	40,000	30,000	20,000	10,000	0

　また，耐用年数終了後に少しでも価値があると判断される場合は，その額（残余価値）を取得原価から差し引いて減価償却費を計算します。例えば，6万円のパソコンが5年後に1万円の価値があると予想される場合，毎年の減価償却額は1万円となります（＝[6万－1万]÷5年）。そして，耐用年数終了後に資産を売却し，残余価値以上で売却できれば売却益を，それ以下で売却した場合は売却損を計上するのです。

2. 定率法

　定率法は，毎年の減価償却額を前年の未償却額の何％として計算します。例えば，36.9％の減価償却率を使う場合，5万円のパソコンの1年目の減価償却費は18,450円（＝50,000×0.369）となります。2年目は，1年目の償却額を引いた31,550に36.9％を掛け合わせて，11,641.95円が減価償却費です。

	1年	2年	3年	4年	5年
減価償却費	18,450	11,641.95	7,346.07	4,635.37	7,926.61
累　計	18,450	30,091.95	37,438.02	42,073.39	50,000.00
未償却分	31,550	19,908.05	12,561.98	7,926.61	0

＊5年目の償却費は，定率を使用せず，前年度の未処理分を全額償却します。

7. 配当について

　決算も順調に進み，財務諸表もほぼ完成しました。営業利益も200万円出たので，B男さんは友人を集めてお祝いでもと考えています。しかし，その前に一番大切なことをしなければなりません。それは，株主としての自分に対する分け前をどうするか決めることです。

　株主が会社に投資する理由は1つ，将来の分け前を期待しているからです。では，株主にとっての分け前とは何でしょうか。それは，儲かった利益から支払われる「配当」です。配当は，各株主の出資比率，つまり株主資本の総額に対して何％出資したかに従って配分されますが，通常は1株いくらで計算されます。配当金は通常現金で支払われますが（「現金配当」），そうでない場合もあります（第3部参照）[16]。

　赤字続きの場合は配当できない等，商法上の制限はありますが，基本的に配当を支払うかどうか，またいくら支払うかは株主の承認があれば任意に決定できます。しかし，配当をすると会社の資本は減りますので，将来大きな投資をする場合など資金不足に陥ることもあるので，払いすぎには注意しなければなりません。

　B男さんは，とりあえず1株5千円の配当をすることに決めました。発行済みの株は60株で全てB男さんが所有しているので，総額30万円の配当金（＝5,000円×60株）がB男さんに支払われます。

　では，配当は財務諸表上でどのように処理されるのでしょうか。現金の支払いを伴うので費用のような感じがしますが，収益を上げるために必要な費用とは性質が異なるため，税金を支払った後の利益（「当期利益」）から支払うこと

---

[16] また，所有していた株式が市場で取引されている（「公開株」，第3部にて詳しく説明）場合，株の値段が上がり「値上がり益」を得ることも可能です。しかし，**B's T** の株式は一般に公開されていないので，配当が唯一の分け前となります。

B's T 損益計算書	
2004年3月期	
営業損益の部	
売上高	400万
売上原価＊	160万
売上総利益	240万
販売費及び一般管理費	
光熱費	20万
電話料金	20万
減価償却費（家具）	1万
減価償却費（パソコン）	5万
営業利益	200万
営業外損益	1万
受取利子	5万
経常利益（1）	205万
特別損益	0万
税引前当期利益（2）	205万
法人税（42％）	86万
当期純利益（3）	119万
前期繰延利益	0万
当期未処分利益（4）	119万

（1）経常利益＝営業利益＋営業外損益
（2）税引前当期利益＝経常利益＋特別損益
（3）当期純利益＝税引前当期利益－法人税
（4）当期未処分利益＝当期純利益＋前期繰延金

B's T 利益処分計算書		
2004年3月期		
当期未処分利益	119万	
利益処分額		
配当金	30万	⎫ 社外流出
役員賞与金	0万	⎭
利益準備金	12万	⎫ 社内留保
任意積立金	10万	⎭
次期繰延利益	67万	

株主資本全体で見ると以下の式が成り立つ
当期末株主資本＝前期末株主資本＋当期利益－配当－役員賞与

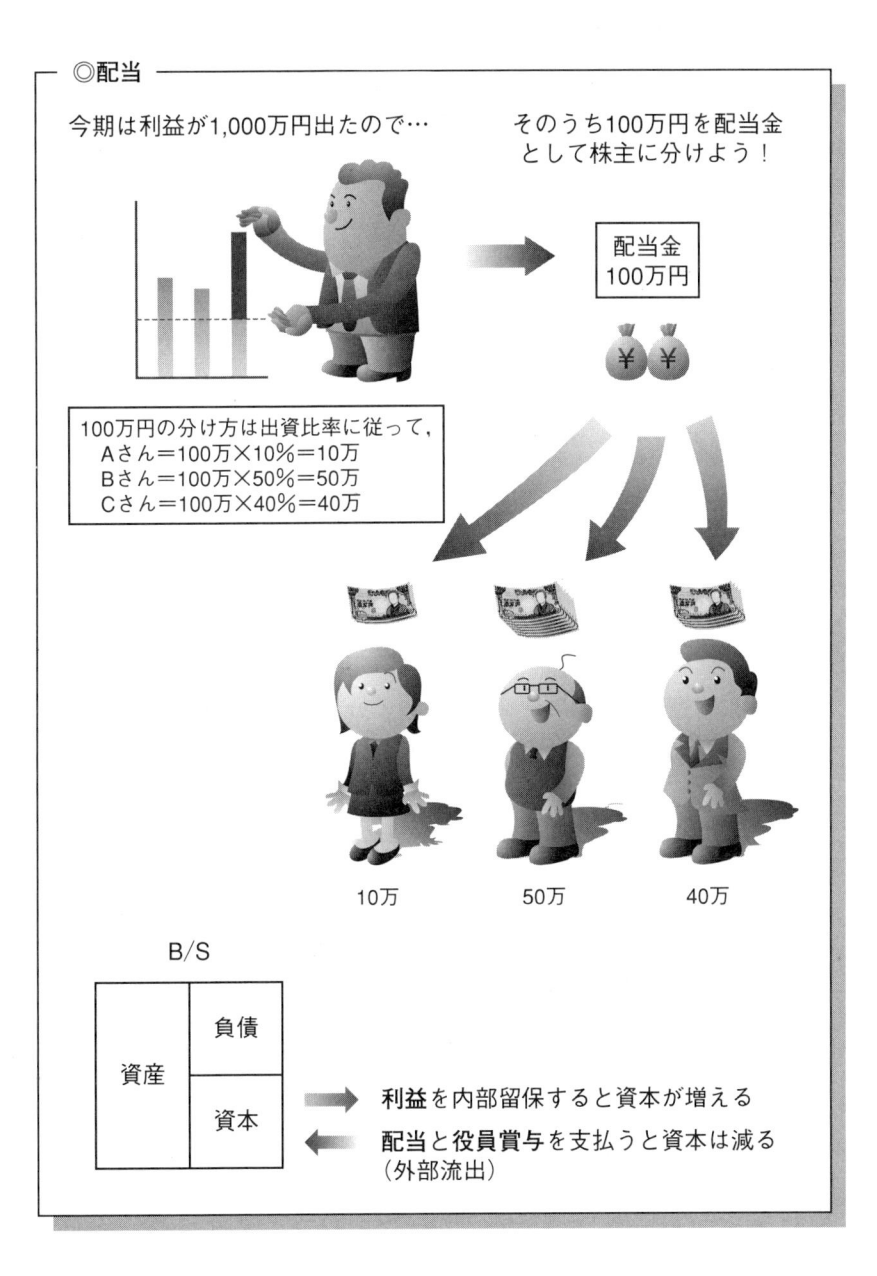

第5章 会社を設立するってどういうこと？ **57**

◎配当

今期は利益が1,000万円出たので…

そのうち100万円を配当金として株主に分けよう！

配当金
100万円

100万円の分け方は出資比率に従って，
Aさん＝100万×10％＝10万
Bさん＝100万×50％＝50万
Cさん＝100万×40％＝40万

10万　　50万　　40万

B/S

資産	負債
	資本

➡ **利益**を内部留保すると資本が増える
⬅ **配当**と**役員賞与**を支払うと資本は減る
　（外部流出）

が決められています。そして、財務諸表上はB/Sには直接記載せず、別途「利益処分計算書」の中で計上します。

利益処分計算書は、P/Lの末尾に表示される「当期未処分利益」を準備金や積立金といった形で「社内留保」するか、配当や役員賞与を支払って「社外流出」するかを説明したものです。**B's T**の例を見てみましょう。

P/Lを見ると、営業利益は200万円ですが、営業外損益や特別損益を調整し、さらに法人税を差し引くと「当期未処分利益」が119万円残っていることが分かります。そして、利益処分計算書を見ると、119万円をどうやって処分するかが分かります。利益準備金等については第3部で説明するのでここでは省きますが、配当金として30万円が差し引かれていることに注意してください。配当金と役員賞与は、このように利益の一部を社外に流出させるため、結果として資本が減ります。そしてそれ以外の利益は、利益準備金や積立金の形で「内部留保」され、将来の投資資金として使用されたりします。

ポイント

⇒配当とは、儲けた利益の一部を株主に配分するもので、主に現金。

⇒配当を出すと現金と利益が同額分減り、結果として株主資本（純資産）が減る。

8. 増資について

　これまでの復習をすると，利益（損失）が出ると会社の純資産は増え（減り），配当金を出すと減ることが分かりました。では，利益（損失）と配当以外に株主資本を増やす（減らす）要素はあるでしょうか。それには「増資」，もしくは「減資」があります。

　増資とは，既存の会社が新しく株式を発行して資金を調達，つまり資本金を増やす行為です。通常は，大きな投資をするための資金が必要になったとき等に増資を行いますが，時々資金繰りが苦しくなって増資することもあります。逆に減資は資本金を減らす行為で，損失を埋める等の理由で株式を消却して行います。しかし，減資に関してはさまざまな制限がありますので，簡単には行えません。

　増資には，新株を購入してもらう先（「引き受け先」）によって，「株主割当」（既存の株主が引き受ける），「第三者割当」（取引先の企業など既存の株主以外），「公募」（広く一般に売り出す）の３つに大別できます。

　では，増資をすると財務諸表にはどのように反映されるのでしょうか？　基本的に，新しく調達された資金分，資本金（資本）と現金（資産）が増えます。また，額面を上回る金額で売り出す場合は，額面と時価との差額を「資本準備金」として別処理することがありますが，基本的に資本準備金も資本金の一部と考えて差し支えありません。

　例を挙げて説明しましょう。少し時間が前後しますが，**B's T** 設立１か月経過後の 2003 年 5 月 1 日に，増資のために 1 株 5 万円の株式を 60 株，友人の A 子さんに販売したとします。増資後の **B's T** の B/S を見てみましょう。

◎5月1日に額面5万円の株を60株発行し第三者に販売した（増資）場合

B's T バランスシート			
2003年5月1日			
資産の部		負債の部	
現　金＊	565万		
棚卸資産	2万	資本の部	
事務用品	1万	資本金＊	600万
家　具	3万	利益剰余金	1万
パソコン	30万		
資産合計	601万	負債・資本合計	601万

＊現金＝265＋300＝565
＊資本金＝300＋5×60＝600
＊発行株式数：120株（A子が60株，B男が60株所有）

　増資直後は増資された金額分現金が増え，同時に資本金が増えることが分かりますね。この時点で，発行株式数は120株でA子さんとB男さんが仲良く50％ずつ所有しています。つまり，この2人は **B's T** を半分ずつ所有しており，イコール・パートナーと呼ぶことができます。

ポイント
⇒増資すると資本金が増え，額面以上の金額で株式を販売した場合差額は資本準備金として計上される。

第5章のまとめ

1. 株主にとっての会社の価値は，総資本から負債総額を差し引いたもので純資産，または株主資本と呼ぶ。
2. 純資産を増やすためには利益を上げる必要があり，増えた分はB/S資本の部の利益剰余金として表示される。
3. 純資産は利益が出るか増資すると増え，配当金を出すか減資すると減る。期末の株主資本（純資産）は以下の公式で求められる。剰余金がきれいに算出できるという意味で，「クリーン・サープラス・リレーション（CSR）」と呼ばれる。これに対し，P/Lを通過しないでB/Sに影響を与える会計処理を「ダーティー・サープラス・リレーション（DSR）」と呼ぶこともある。

〈クリーン・サープラス・リレーション〉
期末株主資本＝期首株主資本＋当期純利益－配当（－役員賞与）

＊純資産を減らす要素としては役員賞与もあるが，配当金と比較すると金額が小さいので省略して考える場合もある。

第6章
実際の会社の財務諸表を見てみよう！

1. 有価証券報告書って？

　この章では，実際の企業の財務諸表を見ていきます。財務諸表から何が読み取れるか，そして企業の健康状態や将来性を知るための財務諸表分析方法をいくつか紹介します。

　一般の企業の財務諸表はどうやったら手に入るのでしょうか。一口に財務諸表と言っても，お役所に提出したり株主に公開する「有価証券報告書」もありますし，決算終了後に新聞等に掲載する縮小版の「決算公告」，さらにはYahoo！やMSNマネーなどのインターネットサービスで出している財務諸表の抜粋などもあります。しかし，情報量や内容の統一性においては有価証券報告書が最も優れていますので，できるだけ同書に慣れ親しむようにしてください。

　有価証券報告書（以下「有報」）は，財務諸表はもちろんのこと，会社や従業員の状況を紹介した「企業の概況」，業績や研究開発活動を説明した「事業の状況」に加え，設備や役員の状況，さらには配当政策についても説明した項目等があります。有報は，全ての上場企業に提出が義務付けられており，毎年決算終了後3か月以内に関係官庁に届けなければなりません。

有報を提出する際は，必ず外部の会計士や監査法人の監査を受ける必要があります。そのため，有報の内容の信頼性は高いと言えます[17]。また，有報の内容や表記方法は「証券取引法」で詳しく規定されているので，他社との比較がしやすいというメリットもあります。

東京証券取引所などで株式が取引されている大企業の場合は，金融庁が運営している電子開示システム「EDINET」のサイト（**http://www.fsa.go.jp/edinet/edinet.html**）で有報が無料で入手できます。また最近では，自社のホームページ（投資家関連情報，またはIR）上で，過去数年分の有報を公開している企業も増えています。パソコンを持っていない方は，最寄の図書館等で実物を閲覧するという方法もありますし，直接企業の広報やインベスター・リレーション（IR）等に連絡すると郵送してくれるはずです。

ポイント

⇒財務諸表は，企業のホームページや金融庁運営のEDINETなどで，無料で入手できる有価証券報告書を見るのが便利。

---

[17] もちろん，経営者や他の社員が財務諸表の内容を意図的に改ざんする，いわゆる「粉飾決算」の問題はありますが，ここでは経営者も監査法人もみな正直者であると仮定します。

2. 連結財務諸表とは？

　では，日本を代表する自動車メーカーのトヨタ（トヨタ自動車株式会社）の2003年3月期の有報を見てみましょう。トヨタは売上高，利益共に日本一で，世界の自動車販売市場のシェアでも3位を誇る世界的企業の1社です。

　目次を見ると，「企業の概況」の中に「主要な経営指標等の推移」という欄がありますが，ここでは売上高や各種利益に加え，1株当たりの純資産や当期利益，さらに株価収益率など，主要な指標が過去5年分記載されています。企業価値を評価する際に非常に便利なので，しっかり理解するようにしましょう。詳しい内容については後述します。

　では，肝心の財務諸表はというと，第5の「経理の状況」に含まれています。実際に見てみると，①連結B/S，②連結P/L，③連結剰余金計算書，④連結キャッシュフロー計算書が掲載されているのが分かります（**46p〜**）。数十ページ後（**98p〜**）にまた同じように，①B/S，②P/L，③利益処分計算書とあります。これは，最初の①〜④はトヨタの子会社や関連会社の財務諸表を連結した，いわゆる「連結財務諸表」で，あとの①〜③がトヨタ単体の財務諸表なのです（有報を実際に提出する会社なので「提出会社」と言う）。

　連結財務諸表は，子会社や関連会社など，親会社が支配する力を持っている全ての会社の活動を包括した財務諸表という意味です。つまり，トヨタという企業グループの財務状況を表しているということになります。トヨタの例で見ると，親会社（トヨタ）が50％以上の株式を保有している「子会社」が581社，20〜50％以下の株式を保有している「関連会社」が51社あります。連結財務諸表は，これら全社の財務諸表が一定の規則に従って親会社の財務諸表に組み込まれて作成されます。子会社，および関連会社の名称や資本関係については，「関係会社の状況」（**8p〜**）を見るとよく分かります。

　では，なぜこのような面倒なことをするのでしょうか。それは，企業が単体

◎連結と単独の表示の違い

親会社

子会社への売上300万円

子会社

今期は赤字が300万円出たので…

子会社に300万円分商品を売ったことにして、赤字を隠そう！

◎単独財務諸表では
＜親会社＞
売掛金　300万
売上高　300万

＜子会社＞
売上原価　300万
買掛金　　300万

◎連結財務諸表では
親会社と子会社間の商品の売買は相殺されるので、上記の取引はP/LにもB/Sにも表示されない！

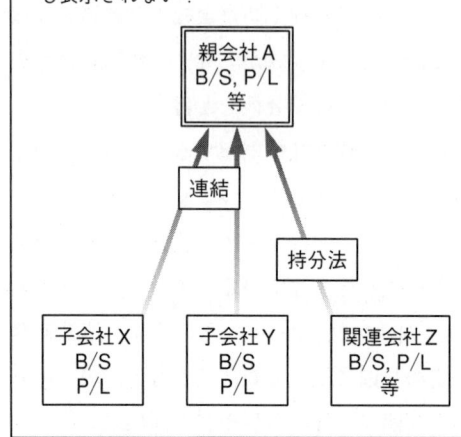

親会社A
B/S, P/L
等

連結

持分法

子会社X
B/S
P/L

子会社Y
B/S
P/L

関連会社Z
B/S, P/L
等

連結財務諸表
Aグループ

連結貸借対照表（B/S）
連結損益計算書（P/L）
連結剰余金計算書
連結キャッシュフロー計算書

で存在する場合は単独の財務諸表で十分ですが，業務が複雑になり，子会社等が増えてくると，親会社の単独財務諸表では実際の業績や財務状況が正しく読み取れなくなるからです。

例えば，親会社の業績が悪いときに子会社に商品を無理やり売りつけるなどして損失を移転し，業績をごまかすことができます。これが連結財務諸表になると，親会社と子会社の取引は相殺されて財務諸表上に出てきませんので，先のような不正行為ができにくくなるのです。わが国では，1977年から連結が義務付けられています。

こういった理由で，企業の経営分析や，企業価値を評価する際は，必ず連結財務諸表を参考にするようにしましょう。連結財務諸表がない場合は，連結する対象がないということなので，当然ながら単独財務諸表を使用します。

連結財務諸表は，複数の会社の財務諸表を合算して作成しますので，独特の勘定科目があり，科目によっては名称が異なる場合もあります。また，子会社と関連会社は連結財務諸表における取り扱いが違うため，全ての会社が連結されるわけではないことも覚えておいてください[18]。いずれにしろ，B/SやP/Lの基本的な仕組みは単独財務諸表と同じと考えて差し支えありません。

ポイント

⇒経営分析や企業価値を評価する際は，必ず連結財務諸表を使用する。

---

[18] 基本的に子会社は連結し，関連会社は「持分法」に従い，親会社の持分だけを連結財務諸表に反映させます。また，2000年からは連結の範囲が拡大され，親会社の50%（20%）以下の株式を保有している場合でも，実質コントロール下にある場合は子会社（関連会社）とみなされます。

トヨタ自動車株式会社　有価証券報告書（2003年3月期）

目　次

頁

平成15年3月期 有価証券報告書
【表紙】 ……………………………………………………………………………………………………… 1
第一部　【企業情報】 ………………………………………………………………………………………… 2
　第1　【企業の概況】 ……………………………………………………………………………………… 2
　　1　【主要な経営指標等の推移】 ……………………………………………………………………… 2
　　2　【沿革】 ……………………………………………………………………………………………… 5
　　3　【事業の内容】 ……………………………………………………………………………………… 6
　　4　【関係会社の状況】 ………………………………………………………………………………… 8
　　5　【従業員の状況】 …………………………………………………………………………………… 12
　第2　【事業の状況】 ……………………………………………………………………………………… 13
　　1　【業績等の概要】 …………………………………………………………………………………… 13
　　2　【生産、受注及び販売の状況】 …………………………………………………………………… 16
　　3　【対処すべき課題】 ………………………………………………………………………………… 18
　　4　【経営上の重要な契約等】 ………………………………………………………………………… 18
　　5　【研究開発活動】 …………………………………………………………………………………… 19
　第3　【設備の状況】 ……………………………………………………………………………………… 20
　　1　【設備投資等の概要】 ……………………………………………………………………………… 20
　　2　【主要な設備の状況】 ……………………………………………………………………………… 21
　　3　【設備の新設、除却等の計画】 …………………………………………………………………… 24
　第4　【提出会社の状況】 ………………………………………………………………………………… 25
　　1　【株式等の状況】 …………………………………………………………………………………… 25
　　　(1)　【株式の総数等】 ……………………………………………………………………………… 25
　　　(2)　【新株予約権等の状況】 ……………………………………………………………………… 26
　　　(3)　【発行済株式総数、資本金等の推移】 ……………………………………………………… 27
　　　(4)　【所有者別状況】 ……………………………………………………………………………… 27
　　　(5)　【大株主の状況】 ……………………………………………………………………………… 28
　　　(6)　【議決権の状況】 ……………………………………………………………………………… 29
　　　(7)　【ストックオプション制度の内容】 ………………………………………………………… 31
　　2　【自己株式の取得等の状況】 ……………………………………………………………………… 36
　　3　【配当政策】 ………………………………………………………………………………………… 38
　　4　【株価の推移】 ……………………………………………………………………………………… 38
　　5　【役員の状況】 ……………………………………………………………………………………… 39
　第5　【経理の状況】 ……………………………………………………………………………………… 45
　　1　【連結財務諸表等】 ………………………………………………………………………………… 46
　　2　【財務諸表等】 ……………………………………………………………………………………… 98
　第6　【提出会社の株式事務の概要】 …………………………………………………………………… 169
　第7　【提出会社の参考情報】 …………………………………………………………………………… 170
　第二部　【提出会社の保証会社等の情報】 ……………………………………………………………… 171

監査報告書
　平成14年3月連結会計年度 ……………………………………………………………………………… 173
　平成15年3月連結会計年度 ……………………………………………………………………………… 175
　平成14年3月会計年度 …………………………………………………………………………………… 177
　平成15年3月会計年度 …………………………………………………………………………………… 179

第6章　実際の会社の財務諸表を見てみよう！　**69**

トヨタ自動車株式会社　有価証券報告書（2003年3月期）

(事業系統図)
　主な事業の状況の概要図および主要な会社名は次のとおりである。

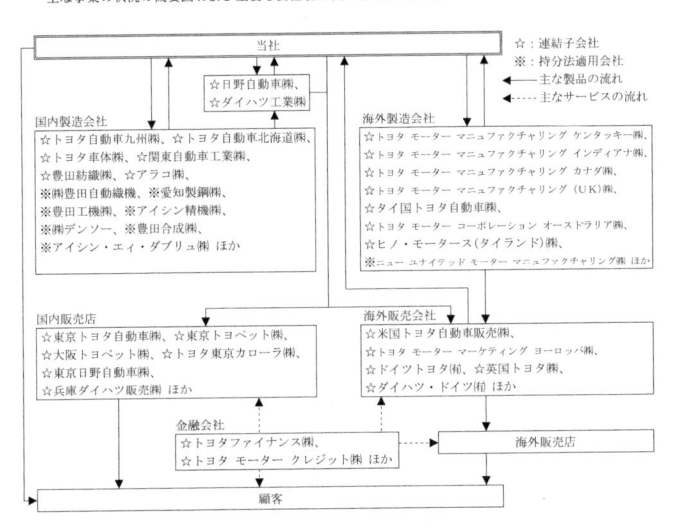

```
                           ┌─────────┐
                           │   当社   │              ☆：連結子会社
                           └─────────┘              ※：持分法適用会社
                                │                    ───→ 主な製品の流れ
              ┌─────────────────┤                   ----→ 主なサービスの流れ
              │   ┌──────────────────┐
              │   │ ☆日野自動車㈱、   │
              │   │ ☆ダイハツ工業㈱   │
              │   └──────────────────┘
┌──────────────────────────┐    ┌──────────────────────────────────────┐
│ 国内製造会社                │    │ 海外製造会社                          │
│ ☆トヨタ自動車九州㈱、☆トヨタ自動車北海道㈱、│☆トヨタ モーター マニュファクチャリング ケンタッキー㈱、│
│ ☆トヨタ車体㈱、☆関東自動車工業㈱、        │☆トヨタ モーター マニュファクチャリング インディアナ㈱、│
│ ☆豊田紡織㈱、☆アラコ㈱、                 │☆トヨタ モーター マニュファクチャリング カナダ㈱、│
│ ㈱豊田自動織機、※愛知製鋼㈱、            │☆トヨタ モーター マニュファクチャリング（UK）㈱、│
│ ※豊田工機㈱、※アイシン精機㈱、           │☆タイ国トヨタ自動車㈱、                │
│ ※㈱デンソー、☆豊田合成㈱、              │☆トヨタ モーター コーポレーション オーストラリア㈱、│
│ ※アイシン・エィ・ダブリュ㈱ ほか          │☆ヒノ・モータース(タイランド)㈱、        │
│                                          │※ニュー ユナイテッド モーター マニュファクチャリング㈱ ほか│
└──────────────────────────┘    └──────────────────────────────────────┘

┌──────────────────────────┐    ┌──────────────────────────────────────┐
│ 国内販売店                  │    │ 海外販売会社                          │
│ ☆東京トヨタ自動車㈱、☆東京トヨペット㈱、│☆米国トヨタ自動車販売㈱、              │
│ ☆大阪トヨペット㈱、☆トヨタ東京カローラ㈱、│☆トヨタ モーター マーケティング ヨーロッパ㈱、│
│ ☆東京日野自動車㈱、                      │☆ドイツトヨタ㈲、☆英国トヨタ㈱、         │
│ ☆兵庫ダイハツ販売㈱ ほか                 │☆ダイハツ・ドイツ㈲ ほか               │
└──────────────────────────┘    └──────────────────────────────────────┘

              ┌──────────────────┐           ┌──────────┐
              │ 金融会社           │           │ 海外販売店 │
              │ ☆トヨタファイナンス㈱、│           └──────────┘
              │ ☆トヨタ モーター クレジット㈱ ほか│
              └──────────────────┘
                      │
                 ┌──────┐
                 │ 顧客  │
                 └──────┘
```

　上記以外の主要な会社としては、北米の渉外・広報・調査活動を行うトヨタ　モーター　ノース　アメリカ㈱、北米の製造会社を統括するトヨタ　モーター　マニュファクチャリング　ノース　アメリカ㈱、欧州の渉外・広報活動を行うトヨタ　モーター　ヨーロッパ㈱、欧州の製造会社を統括するトヨタ　モーター　エンジニアリング・マニュファクチャリング　ヨーロッパ㈱、金融会社を統括するトヨタファイナンシャルサービス㈱がある。

― 7 ―

トヨタ自動車株式会社　有価証券報告書（2003年3月期）

4 【関係会社の状況】

名称	住所	資本金又は出資金	主要な事業の内容	議決権の所有割合（％）	関係内容
(連結子会社)					
東京トヨタ自動車㈱	東京都港区	百万円 7,537	自動車	100.00 (100.00)	当社製品の販売先。設備等の賃貸借…有　役員の兼任等…有
東京トヨペット㈱	東京都港区	百万円 7,822	自動車	100.00 (100.00)	当社製品の販売先。なお、当社より資金援助を受けている。設備等の賃貸借…有　役員の兼任等…有
大阪トヨペット㈱	大阪市福島区	百万円 3,025	自動車	100.00	当社製品の販売先。なお、当社より資金援助を受けている。設備等の賃貸借…有　役員の兼任等…有
トヨタ東京カローラ㈱	東京都目黒区	百万円 7,179	自動車	100.00 (100.00)	当社製品の販売先。なお、当社より資金援助を受けている。設備等の賃貸借…有　役員の兼任等…有
日野自動車㈱　＊1＊2＊5	東京都日野市	百万円 72,717	自動車	50.45 (0.13)	自動車および同部品の購入・販売先。設備等の賃貸借…有　役員の兼任等…有
トヨタ自動車九州㈱　＊1	福岡県鞍手郡宮田町	百万円 45,000	自動車	100.00	自動車車体および同部品の購入先。設備等の賃貸借…有　役員の兼任等…有
ダイハツ工業㈱　＊2＊5	大阪府池田市	百万円 28,404	自動車	51.55 (0.14)	自動車車体および同部品の購入・販売先。設備等の賃貸借…有　役員の兼任等…有
トヨタ自動車北海道㈱	北海道苫小牧市	百万円 27,500	自動車	100.00	自動車部品の購入先。役員の兼任等…有
トヨタ車体㈱　＊2＊3＊6	愛知県刈谷市	百万円 8,871	自動車	47.79 (0.65) [8.55]	自動車車体および同部品の購入先。設備等の賃貸借…有　役員の兼任等…有
関東自動車工業㈱　＊2＊3＊6	神奈川県横須賀市	百万円 6,850	自動車	50.00 (0.86) [1.75]	自動車車体および同部品の購入先。なお、当社より資金援助を受けている。設備等の賃貸借…有　役員の兼任等…有
豊田紡織㈱　＊2＊3＊6	愛知県刈谷市	百万円 4,933	自動車	43.50 (27.71) [16.97]	自動車部品の購入先。役員の兼任等…有
アラコ㈱	愛知県豊田市	百万円 3,188	自動車	81.35 (6.31)	自動車車体および同部品の購入先。設備等の賃貸借…有　役員の兼任等…有
トヨタファイナンシャルサービス㈱　＊1	名古屋市中区	百万円 67,525	金融	100.00	当社金融子会社への融資。なお、当社より資金援助を受けている。役員の兼任等…有
トヨタファイナンス㈱　＊2＊7	東京都江東区	百万円 9,000	金融	100.00 (100.00)	当社製品にかかる販売金融。なお、当社より資金援助を受けている。設備等の賃貸借…有　役員の兼任等…有
東和不動産㈱　＊3＊6	名古屋市中村区	百万円 23,750	その他	55.00 (6.00) [45.00]	設備等の賃貸借…有　役員の兼任等…有
㈱豊田中央研究所	愛知県愛知郡長久手町	百万円 3,000	その他	63.00 (9.00)	研究・調査の委託先。なお、当社より資金援助を受けている。設備等の賃貸借…有　役員の兼任等…有
トヨタ　モーター　ノース　アメリカ㈱　＊1＊4	Torrance, California, U.S.A.	千米ドル 933,600	自動車	100.00	自動車に関する調査・研究の委託先。役員の兼任等…有

3. トヨタの連結 B/S―資産の部

　では，トヨタの連結 B/S を見てみましょう。ご覧のように，まず左端に科目の区分があり，その右側に注記番号，2002年3月期の数値，そして右端に2003年3月期（最新）の順で記載されています。したがって，2年分の数字を比較することができるようになっています。

　資産の部をもう少し詳しく見てみましょう。資産の部は「流動資産」と「固定資産」に大別されており，固定資産はさらに「有形固定資産」，「無形固定資産」，「投資その他の資産」の3つに分けられています。流動資産とは決算日から1年以内に期限が来る，つまり現金に換金できるものを指し，現預金のほかに売掛金や棚卸資産も含みます[19]。

　トヨタは2003年3月末の時点で，流動資産を11兆196億円持っており，前年と比較すると6,086億円，約5.8％増えていることが分かります。流動資産は短期の負債を支払う財源となりますので，ある程度の額をキープする必要がありますので，これは良い傾向と言えます。

　流動資産の項目の9番目に「貸倒引当金」とありますが，これは受取手形や売掛金の中で回収できない額（回収不能額）を見積もって，前もって経費を計上したものです。当然ながら，引当金は少ない方が良いのですが，会社の規模が大きくなり顧客数が増えると，ある程度回収不能額が出ることは避けられません。

　引当金は将来予想される回収不能額なので，B/S 上は「△」，つまりマイナスの金額となり，結果として受取手形や売掛金を少なく評価する役割があります。トヨタの場合は，1,477億円の貸倒引当金を計上しており，前年度より約33％上昇していることが分かります。これは，「売上手形及び売掛金」の伸び

---

[19] 「一年基準」と「正常営業循環基準」。

率の 1.4% を大きく上回っていますので，要注意です。その原因を調べる必要があります。

　固定資産のうち，有形固定資産には建物，土地，機械などが含まれ，無形固定資産はソフトウェアや商標権など，法律上与えられた権利などがあります。投資その他の資産は，会社が投資目的で所有する有価証券や長期貸付金などを指します。

　トヨタの場合は，総額で 5 兆 5,070 億円の有形固定資産と，51 億円相当の無形固定資産を持っています。あれ，有形固定資産の減価償却はどうしたの？という疑問が出てきますが，トヨタの場合は既に減価償却の累計額を差し引いた，いわゆる「正味価額」で有形固定資産を表示しているようです[20]。トヨタの有報 58 ページの「注記事項」の※1を見ると，15 年の減価償却累計額は 7 兆 9,315 億円であったことが分かります。

---

[20] 会社によっては累計額を△付の数字で表示するところもあります。

◎貸倒引当金

売掛金はたくさんあるけど…　　　将来回収できないものもいくつかある…

売掛金 1,000万円

ということは，1,000万円の資産も実際の価値はそれ以下ということか…。

それなら，回収できない金額を見積もって，先に費用を計上しておこう！
毎年，大体売掛金の3％（貸倒実績率）くらいは回収不能になるから，今年もその数字で見積もっておこう！

B/S上は，		P/L上は，
売掛金	1,000万円	貸倒引当金繰入（費用）30万円
貸倒引当金	30万円	
売掛金の簿価	970万円	

ポイント

⇒ 資産の部は，「流動資産」，「固定資産」，「投資その他の資産」に大別される。

⇒ 「貸倒引当金」は受取手形や売掛金の中で，将来回収できない額（回収不能額）を見積もり，あらかじめ経費を計上したもの。

トヨタ自動車株式会社　有価証券報告書（2003年3月期）

1 【連結財務諸表等】
　(1) 【連結財務諸表】
　　① 【連結貸借対照表】

区分	注記番号	前連結会計年度 （平成14年3月31日） 金額(百万円)	構成比(%)	当連結会計年度 （平成15年3月31日） 金額(百万円)	構成比(%)
（資産の部）					
Ⅰ　流動資産					
1　現金及び預金		707,233		620,870	
2　受取手形及び売掛金		1,561,623		1,583,393	
3　有価証券		1,605,460		1,661,978	
4　たな卸資産		1,022,718		1,072,947	
5　譲受月賦手形・債権		3,334,357		3,430,444	
6　短期貸付金	※6	1,192,054		1,558,161	
7　繰延税金資産		379,668		413,039	
8　その他		718,693		826,442	
9　貸倒引当金		△110,843		△147,670	
流動資産合計		10,410,966	52.3	11,019,607	53.1
Ⅱ　固定資産					
(1) 有形固定資産	※1				
1　建物及び構築物		1,230,871		1,253,674	
2　機械装置		1,179,305		1,163,778	
3　車両運搬具	※2	1,269,275		1,238,252	
4　土地		1,070,869		1,097,189	
5　建設仮勘定		270,497		232,966	
6　その他		416,958		521,123	
有形固定資産合計		5,437,777	27.4	5,506,985	26.6
(2) 無形固定資産					
ソフトウェア		4,328		5,123	
無形固定資産合計		4,328	0.0	5,123	0.0
(3) 投資その他の資産					
1　投資有価証券	※3	2,642,122		2,695,939	
2　長期貸付金		796,349		757,922	
3　繰延税金資産		465,193		446,123	
4　その他		159,450		335,618	
5　貸倒引当金		△27,251		△24,934	
投資その他の資産合計		4,035,865	20.3	4,210,669	20.3
固定資産合計		9,477,970	47.7	9,722,778	46.9
資産合計		19,888,937	100.0	20,742,386	100.0

第6章 実際の会社の財務諸表を見てみよう！ 75

トヨタ自動車株式会社　有価証券報告書（2003年3月期）

区分	注記番号	前連結会計年度 (平成14年3月31日) 金額(百万円)	構成比(%)	当連結会計年度 (平成15年3月31日) 金額(百万円)	構成比(%)
（負債の部）					
Ⅰ 流動負債					
1 支払手形及び買掛金		1,483,170		1,582,245	
2 １年内償還の社債		1,020,930		1,124,035	
3 短期借入金		1,104,365		966,243	
4 コマーシャル・ペーパー		—		1,080,613	
5 未払金及び未払費用		1,203,969		1,356,294	
6 未払法人税等		339,304		317,194	
7 繰延税金負債		1,769		1,570	
8 製品保証引当金		229,246		244,552	
9 賞与引当金		35,838		36,026	
10 その他		1,764,476		848,764	
流動負債合計		7,183,071	36.1	7,557,541	36.4
Ⅱ 固定負債					
1 社債		3,132,372		3,520,344	
2 転換社債		13,308		—	
3 長期借入金		481,007		573,767	
4 繰延税金負債		398,273		410,330	
5 退職給付引当金		769,714		639,708	
6 その他		121,897		84,218	
固定負債合計		4,916,572	24.8	5,228,369	25.2
負債合計		12,099,644	60.9	12,785,911	61.6
（少数株主持分）					
少数株主持分		464,220	2.3	496,207	2.4
（資本の部）					
Ⅰ 資本金		397,049	2.0	—	—
Ⅱ 資本準備金		415,150	2.1	—	—
Ⅲ 連結剰余金		6,527,956	32.8	—	—
Ⅳ その他有価証券評価差額金		152,809	0.8	—	—
Ⅴ 為替換算調整勘定		22,855	0.1	—	—
		7,515,821	37.8	—	—
Ⅵ 自己株式		△157,766	△0.8	—	—
Ⅶ 子会社の所有する親会社株式		△32,983	△0.2	—	—
資本合計		7,325,072	36.8	—	—
Ⅰ 資本金	※4	—	—	397,049	1.9
Ⅱ 資本剰余金		—	—	418,401	2.0
Ⅲ 利益剰余金		—	—	7,219,896	34.8
Ⅳ その他有価証券評価差額金		—	—	78,630	0.4
Ⅴ 為替換算調整勘定		—	—	△112,350	△0.5
Ⅵ 自己株式	※5	—	—	△541,360	△2.6
資本合計		—	—	7,460,267	36.0
負債、少数株主持分及び資本合計		19,888,937	100.0	20,742,386	100.0

トヨタ自動車株式会社　有価証券報告書（2003年3月期）

注記事項
（連結貸借対照表関係）

前連結会計年度 （平成14年3月31日）	当連結会計年度 （平成15年3月31日）
1※1　有形固定資産の減価償却累計額 　　　　　　　　　　　　7,771,307百万円	1※1　有形固定資産の減価償却累計額 　　　　　　　　　　　　7,931,514百万円
※2　車両運搬具には、リース契約による資産（貸主）1,153,861百万円が含まれている。	※2　車両運搬具には、リース契約による資産（貸主）1,134,883百万円が含まれている。
※3　関連会社に係る資産 　　　（資産の部） 　　　投資有価証券（株式）　　1,104,863百万円 　　　　〃　　　　（社債）　　　　　　304 　　　　〃　　　（転換社債）　　　68,005	※3　関連会社に係る資産 　　　（資産の部） 　　　投資有価証券（株式）　　1,028,941百万円 　　　　〃　　　　（社債）　　　　　　200 　　　　〃　　　（転換社債）　　　48,990
	※4　連結財務諸表提出会社の発行済株式総数は、普通株式3,609,997,492株である。
	※5　連結財務諸表提出会社と連結子会社および持分法適用関連会社が保有する自己株式の数は、普通株式259,094,384株である。
	※6　現先取引の担保として受け入れている自由処分権のある有価証券の時価は24,999百万円である。
2　担保資産および担保付債務 　(1)　担保に供している資産 　　・受取手形　　　　　　　　47,007百万円 　　・譲受月賦手形・債権　　　138,102 　　・建物及び構築物　　　　　67,504 　　・機械装置　　　　　　　　18,028 　　・土地　　　　　　　　　　106,072 　　・その他　　　　　　　　　20,618 　　　　計　　　　　　　　　　397,334	2　担保資産および担保付債務 　(1)　担保に供している資産 　　・受取手形　　　　　　　　38,134百万円 　　・譲受月賦手形・債権　　　66,013 　　・建物及び構築物　　　　　58,691 　　・機械装置　　　　　　　　12,190 　　・土地　　　　　　　　　　98,248 　　・その他　　　　　　　　　27,445 　　　　計　　　　　　　　　　300,723
(2)　担保付債務 　　・短期借入金　　　　　　　141,136百万円 　　・長期借入金　　　　　　　73,220 　　・社債　　　　　　　　　　138,102 　　　　計　　　　　　　　　　352,459	(2)　担保付債務 　　・短期借入金　　　　　　　143,266百万円 　　・長期借入金　　　　　　　56,769 　　・社債　　　　　　　　　　66,013 　　　　計　　　　　　　　　　266,048
3　保証債務 　・連結金融子会社の営業上の 　　債務保証　　　　　　　　783,339百万円 　・その他の債務保証　　　　25,336 　・保証類似行為　　　　　　34 　　　　計　　　　　　　　　　808,710	3　保証債務 　・連結金融子会社の営業上の 　　債務保証　　　　　　　　841,871百万円 　・その他の債務保証　　　　35,619 　・保証類似行為　　　　　　13 　　　　計　　　　　　　　　　877,504
4　受取手形割引高　　　　　　7,109百万円 　　受取手形裏書譲渡高　　　　61	4　受取手形割引高　　　　　　17,343百万円 　　受取手形裏書譲渡高　　　　11

4. トヨタの連結B/S─投資その他の資産

　資産の末尾に「投資その他の資産」とありますが，これは投資目的で保有する長期の資産で，有形・無形固定資産以外の固定資産全てが含まれます。この中に「投資有価証券」とありますが，投資目的で保有する他社の株式や債券などがこれにあたります。

　注意すべき点は，こういった有価証券は日々価格が変動するものが多く，購入時の価格と大きくかけ離れることも珍しくありません。例えば，昨年1株1万円で買ったA社の株が，今日の時点で1株8,000円の価値しかないとします。会計上は「取得原価主義」の決まりがありますので，原則として資産は取得原価で計上しますが，A社の株が1万円のままでは資産の価値を正しく評価しているとは言えません。

　こういった問題に対応すべく，証券取引法も「時価主義」を取り入れ，2000年4月以降は企業が保有している金融商品は全て「時価」で評価することになったのです。「時価」とは，市場で取引されている資産（負債）は市場価格，市場価格がないものは合理的に評価された価格のことです。評価方法についての詳しい説明は省きますが，時価主義の採用により，有価証券は全て決算期の時価（市場価格）でB/S上に表示することになりました。

　実際には，有価証券を①売買を目的としたもの（売買目的有価証券），②社債などで満期まで保有することを意図したもの（満期保有目的債券），③子会社や関連会社の株式，そして④その他の有価証券の4つに分類し，そのうち①と②は流動資産として計上し，③と④は固定資産として計上することが決められています。そして，①に関する評価益（損）はP/L上で計上し，②と③は取得原価のまま，**④は評価益（損）を計算しB/Sの資本の部に計上**します。

　特に④の取扱いは，通常の損益と違い，P/Lを経由せずにそのままB/S上の資本に影響するので注意が必要です。つまり，有価証券を実際に売却して損

益が実現した際にP/Lに計上しますが，それまではペーパーゲイン（ロス）として資本の部に計上するというやり方です。

いずれにしろ，この時価主義により，これまで有価証券の「含み益」や「含み損」と呼ばれていたものが，実際に財務諸表に現れるようになったのです。その意味においては，会社の価値を評価するためには貴重な情報と言えます。この点は，第3部でもう一度見直すことにしましょう。

トヨタのB/Sを見ると，投資有価証券が2兆6,960億円あり，それに対する含み益786億円が，資本の部の「その他有価証券評価差額金」として表示されています。

◎投資有価証券

A社の株　B社の株　C社の株

株	取得価格	時価（市場価格）	評価益（損）
A	10,000	8,000	△2,000
B	5,000	6,000	1,000
C	3,000	3,000	—

A社の株に評価損（2,000円），B社の株に評価益（1,000円）が出ちゃった…。

でも，実際に損失（利益）が出たわけではないので，P/Lに入れるのはちょっと…。

それなら，B/Sの資本に組み込んで，とりあえず決算時の純資産にはどう影響しているかだけでも分かるようにしよう！

```
B/S
資産                         負債
 :                            :
                             資本
投資有価証券    18,000         :
評価調整額       1,000   有価証券評価差額金   △1,000
```

ポイント

⇒「投資その他の資産」のうち，投資有価証券は市場価値があるものは時価で評価し，取得価額との差は資本の部に計上する⇒「時価主義」。

5. トヨタの連結B/S―負債の部

　次は負債の部ですが，「流動負債」と「固定負債」に分かれています。流動負債は，決算期から1年以内に支払う義務がある負債で，買掛金や短期借入金がこれに含まれます。項目の⑧と⑨に「製品保証引当金」，「賞与引当金」とありますが，これらは，お客に売った製品の保証や従業員に支払う賞与（ボーナス）など近い将来支払いが発生するもので，ある程度金額が確定している債務です。

　例えば，毎年従業員の1～6月間の労働に対し7月にボーナスを支払うと仮定します。その場合，決算期の3月末の時点では，夏のボーナスのうち3か月分（1～3月）は既に発生しているとみなし，財務諸表にはその分の支払い義務を負債として記載しなければなりません。トヨタの場合は，従業員数も多いので，2003年の決算期では賞与引当金が360億円もあります。

　固定負債には社債や長期借入金などが含まれ，長期にわたって返済する負債のことです。トヨタの場合は，今期3月末の時点で社債の残高が3兆5,203億円あります。また，固定負債の⑤に「退職給付引当金」とありますが，これは従業員の将来の退職金の支払いに関して，決算期までに発生しているとみなされる費用を見積もり，さらに将来不足するであろうと予想される金額を負債として計上したものです。しかし，退職給付引当金を実際に計算するとなるとかなり複雑なため，多くの会社は生命保険会社などに算定を依頼しているのが実

態です。

　「退職給付引当金」は2001年3月期から適用されましたが，それまでは必要な退職金の一部（40％）のみを計上するだけでよかったので，ほとんどの会社が十分に引当金を積んでいませんでした。退職給付引当金が義務付けられてからは費用が一気に増え，大幅な損失を出す企業が多くありました。

　トヨタの退職給付引当金は，2003年3月期で6,397億円ありますので，かなり大きな負債と言えます。トヨタの従業員は26万4千人いますので，退職給付金もかなりの負担になっていることが分かります。退職給付引当金は計算方法が複雑で，しかもいくつかの前提条件の基に計算されますので，これらの条件が崩れると引当金の額も大きく変動します。そのため，退職給付に関する会計は，今後まだまだ変革していくものと考えられます。

ポイント

⇒ 負債には「流動負債」と「固定負債」の2つがある。
⇒ 「退職給付引当金」は，決算期までに発生した退職金や年金に関する費用と，さらに将来不足するであろうと予想される金額を負債として計上したもの。金額が大きいので要注意。

6. トヨタの連結B/S—資本の部

　では，資本の部に注目してみましょう。既に説明したように，資本の部は「資本金」，「資本準備金」，「利益剰余金」が主な項目ですが，それら以外に「その他有価証券評価差額金」，「為替換算調整勘定」，「自己株式」などの科目もあります。

　資本金は親会社が株主から調達した資金（元手）で，資本準備金はそのうち

資本金に組み入れなかったものを指します。例えば、額面5万円の株式を7万円で販売した際は、5万円を資本金とし、差額の2万円を資本準備金として計上します。トヨタの資本金は3,970億円で、資本準備金は4,184億円となっています。この2つの合計が、株主から調達したお金の総額と考えられます。

これに対し利益剰余金は、グループ内の全企業がこれまでに稼いできた利益から、配当や役員賞与を差し引いた総額で、設立以来のトヨタグループの価値がどれだけ増えたかを示しています。2003年3月末の時点で、トヨタは7兆2,199億円の利益剰余金があります。

単独の財務諸表には、利益の中から配当等の支払いに備えて積み立てた「利益準備金」がありますが、連結諸表では連結剰余金に一括して記載します[21]。

「その他有価証券評価差額金」は、資産の部で触れたように、会社が保有する有価証券のうち、長期で保有することを目的とした有価証券を時価評価することによって生じた評価損益を表しています。例えば、企業グループでの持ち合い株などがこの中に入ります。つまり、有価証券の含み益や含み損がここに表示されるわけです。

既に説明しましたが、損益なのになぜP/Lに計上しないかと言えば、評価損益はあくまでも紙の上での数値で（ペーパーゲイン［ロス］）、実際に資産を売却するまでは損益は実現しないためです。しかし、保有する有価証券の価値は実際に変動しているので、その分会社の価値も増減しているとみなし、資本の部に表記するようになっています。トヨタの場合は、786億円の含み益が出ているようです。

「為替換算調整勘定」は、海外にある子会社などの財務諸表を連結する際、親会社の通貨に換算する必要があり、為替のレートが変動すると差額が生じます。この差額を調整するのが為替換算調整勘定です。

末尾に「自己株式」とありますが、これはトヨタとその子会社が自社の株式

---

[21] 利益準備金は、配当と役員賞与の合計金額の10分の1以上、そして資本準備金と利益準備金の合計が資本金の4分の1になるまで積み立てることが義務付けられています。

を取得したものの合計で,「金庫株」とも呼ばれています。従来は自己株式の取得は禁止されていましたが,2001年の商法改正により解禁となり,以来多くの企業が自己株式の取得を活発に行っています。

　自社株を取得すると資本を減らす効果があり,結果として1株当たりの利益が増える,配当金の支払いが減る等のメリットがあります(自社株には配当を支払う必要はない)。また,経営者や従業員のインセンティブとして,ストック・オプション制度を実施するために自社株を取得する企業も増えてきています。トヨタも2002年からストック・オプション制度を採用しています(**有報31p**)。

```
┌─ ◎B/S 資本の部 ─────────────────────────

　(例) トヨタ 2003 年 3 月 31 日

　〈単独財務諸表〉                        〈連結財務諸表〉
　Ⅰ  資本金           397,049      Ⅰ  資本金              397,049
　Ⅱ  資本剰余金                     Ⅱ  資本剰余金
　  1  資本準備金      416,970                              418,401
　  資本剰余金合計    416,970
　Ⅲ  利益剰余金                     Ⅲ  利益剰余金＊      7,219,896
　  1  利益準備金       99,454
　  2  任意積立金    4,447,874      Ⅳ  その他有価証券評価差額金
　  3  当期末処分利益  740,272                               78,630
　  利益剰余金合計  5,287,600
　Ⅳ  その他有価証券評価差額金       Ⅴ  為替換算調整勘定＊
                        69,019                            △112,350
　Ⅴ  自己株式       △467,320      Ⅵ  自己株式          △541,360

　資本合計         5,703,318       資本合計            20,742,386

　＊連結剰余金は単独の利益準備金,積立金,未処分利益を一括したもの。
　＊為替換算調整勘定は連結特のもので,海外子会社を連結する際に為替レー
　　トが変動し,数値に差額が生じたものを調整する。
```

ポイント

⇒ 資本の部は,「資本金」,「資本準備金」,「利益剰余金」の3つに分けられる。

⇒ 利益剰余金は, これまで企業グループが稼いだ利益から, 配当や役員賞与を差し引いた総額で, 企業グループの価値がどれだけ増えたかを表している。

⇒「その他有価証券評価差額金」は, 長期で保有している有価証券の時価が取得原価と異なる場合に発生するが, 損益が実現したわけではないので, P/LではなくB/Sの資本の部に記載する。

⇒「為替換算調整勘定」は, 海外にある子会社などの諸表を連結する際, 為替の換算レートが変動すると発生する差額を調整するもの。

トヨタ自動車株式会社　有価証券報告書（2003年3月期）

(7) 【ストックオプション制度の内容】

当社はストックオプション制度を採用している。当該制度は、商法第280条ノ20および第280条ノ21の規定に基づき当社が新株予約権を発行する方法により、当社および当社関係会社の取締役および従業員等に対して付与することを、平成14年6月26日開催の定時株主総会において、また、当社および当社関係会社の取締役、常務役員および従業員等に対して付与することを、平成15年6月26日開催の定時株主総会において、それぞれ決議されたものである。

なお、旧商法第210条ノ2の規定に基づき、当社が自己株式を買付ける方法により、当社取締役に対して付与することを、平成11年6月25日および平成12年6月28日開催の定時株主総会において、また当社取締役および従業員に対して付与することを、平成13年6月27日開催の定時株主総会において、それぞれ決議されている。

当該制度の内容は次のとおりである。

7. トヨタの連結 P/L

　それでは，連結損益計算書（P/L）を見てみましょう。例のごとく最上部に売上高，そして売上原価が来て売上総利益が計算されています。売上は，前年度と比較すると約6.3%増加している一方，売上原価，つまり製造コストは5.5%の伸びに留まっていますので，売上総利益は8.9%増加しています。これは，儲けの幅が広がっていることを意味しており，良い傾向にあると言えます。

　その下は，「販売費及び一般管理費」として宣伝広告費や人件費，減価償却費など一般費用の全てが含まれています。売上総利益から販売費及び一般管理費の合計を差し引いた金額が「営業利益」で，いわゆる会社の本業からの損益を表しています。トヨタの営業利益は前年度比で21.3%増加していますので，かなり良い業績と言えます。

　そして，営業外収益が記載されています。これは，銀行預金の受取利息や投資した結果受け取る配当金，また有価証券を売却した際の利益（売却益），為替差益などが含まれます。一方，営業外費用には，支払利息や固定資産を処分した際の損失，有価証券の評価損（流動資産分のみ），そして寄付金などが含まれます。営業利益に営業外収益を足し，営業外費用を差し引いたものを「経常利益」と呼び，利益の中でも最も注目されるものなのでしっかり覚えておいてください。

　最後に「特別利益（特別損失）」がありますが，これらは通常発生しない損益で，当期にたまたま発生したものを表しています。例えば，工場で火災が発生した場合の損失や，所有していた土地を売却した際に発生した利益などがこれにあたります。

　経常利益に特別利益を足し，特別損失を差し引いた金額を「税引き前利益」と呼びます。当然この利益には税金がかかってきますので，各種税金を差し引

いて「当期純利益」を計算します。また「少数株主利益」とありますが，これは連結会計をする際に発生する独特の勘定科目で，子会社の稼いだ利益のうち親会社に帰属しない部分を，連結した P/L から費用として差し引いたものです。これは，B/S 上の「少数株主持分」という負債と関連しています。

　当期純利益は，単独企業の「未処分利益」に相当します。また，連結会計の場合は利益処分計算書は存在せず，代わりに「連結剰余金計算書」を作って資本・利益剰余金の減少額を表記します（次節参照）。

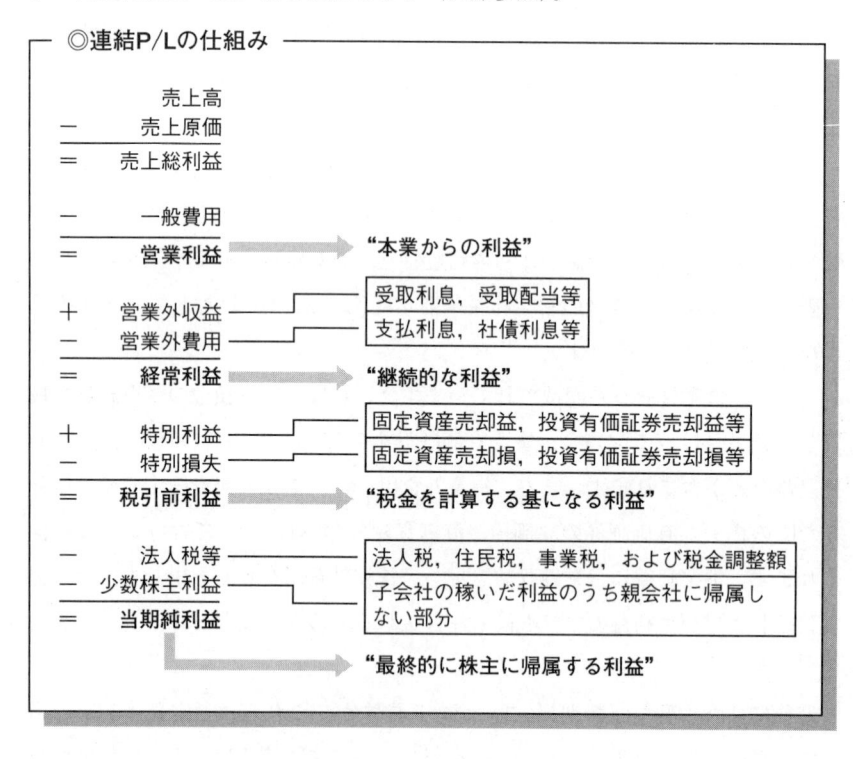

```
── ◎連結P/Lの仕組み ──────────────────────

        売上高
    −   売上原価
    =   売上総利益

    −   一般費用
    =   営業利益    ⟹  "本業からの利益"

    +   営業外収益 ──┐  ┌──────────────────┐
    −   営業外費用 ──┼─→│ 受取利息，受取配当等 │
    =   経常利益       │ 支払利息，社債利息等 │
                        └──────────────────┘
                    ⟹  "継続的な利益"

    +   特別利益 ────┐  ┌──────────────────────────┐
    −   特別損失 ────┼─→│ 固定資産売却益，投資有価証券売却益等 │
    =   税引前利益     │ 固定資産売却損，投資有価証券売却損等 │
                        └──────────────────────────┘
                    ⟹  "税金を計算する基になる利益"

    −   法人税等 ────┐  ┌────────────────────────────┐
    −   少数株主利益 ─┼─→│ 法人税，住民税，事業税，および税金調整額 │
    =   当期純利益      │ 子会社の稼いだ利益のうち親会社に帰属し │
                         │ ない部分                       │
                         └────────────────────────────┘
                    ⟹  "最終的に株主に帰属する利益"
```

第6章 実際の会社の財務諸表を見てみよう！

トヨタ自動車株式会社　有価証券報告書（2003年3月期）

② 【連結損益計算書】

区分	注記番号	前連結会計年度（自 平成13年4月1日 至 平成14年3月31日）		当連結会計年度（自 平成14年4月1日 至 平成15年3月31日）	
		金額（百万円）	百分比（%）	金額（百万円）	百分比（%）
Ⅰ 売上高			15,106,297	100.0	16,054,290	100.0
Ⅱ 売上原価	※		11,518,782	76.3	12,156,140	75.7
売上総利益			3,587,515	23.7	3,898,149	24.3
Ⅲ 販売費及び一般管理費	※					
1　運賃諸掛費		211,293		212,364		
2　販売諸費		388,881		354,998		
3　広告宣伝費		331,903		327,793		
4　製品保証引当金繰入		180,100		199,777		
5　給料手当		615,181		649,620		
6　賞与引当金繰入		23,233		25,452		
7　退職給付費用		43,435		43,869		
8　減価償却費		88,581		94,975		
9　貸倒引当金繰入		59,389		124,011		
10　連結調整勘定償却額		1,649		13,498		
11　その他		520,395	2,464,044	16.3	488,107	2,534,469	15.8
営業利益			1,123,470	7.4	1,363,679	8.5
Ⅳ 営業外収益						
1　受取利息		46,958		43,278		
2　受取配当金		8,691		10,002		
3　有価証券売却益		12,147		12,641		
4　為替差益		36,262		27,687		
5　持分法による投資利益		15,046		81,966		
6　その他		125,004	244,111	1.6	120,523	296,100	1.8
Ⅴ 営業外費用						
1　支払利息		29,838		28,687		
2　コマーシャル・ペーパー利息		2,151		859		
3　固定資産処分損		52,637		53,863		
4　有価証券評価損		30,782		55,273		
5　固定資産圧縮損		6,082		331		
6　寄付金		7,593		11,733		
7　その他		124,971	254,057	1.6	95,026	245,775	1.5
経常利益			1,113,524	7.4	1,414,003	8.8
Ⅵ 特別利益						
厚生年金基金代行部分返上益		—	—	—	235,314	235,314	1.5
税金等調整前当期純利益			1,113,524	7.4	1,649,318	10.3
法人税、住民税及び事業税		591,327		617,556		
法人税等調整額		△111,169	480,158	3.2	33,237	650,794	4.1
少数株主利益			17,541	0.1	53,852	0.3
当期純利益			615,824	4.1	944,671	5.9

— 48 —

8. トヨタの連結剰余金計算書

　次に，トヨタの連結剰余金計算書を見てみましょう。これは，連結財務諸表独特のもので，単独の場合は作成しません。剰余金計算書は，単独財務諸表の1つ，未処分利益計算書に考え方は似ていますが，単純に全社の計算書を合算して作るものではないことに注意してください。

　連結B/S資本の部で説明しましたが，連結剰余金とは，企業グループに属する全社がこれまでに稼いだ利益から，配当金や役員賞与などを差し引いた後の累積額と考えて良いでしょう。単独B/Sの資本の部の利益準備金と利益剰余金を足したものにあたります。

　剰余金計算書は，まず資本剰余金の部があり，ここで資本剰余金の変動の理由を説明します。トヨタの場合は，剰余金の増加理由として「自己株式処分差額」と「株式交換に伴う増加高」があり，準備金の期末残高は4,184億円となっています。

　そして，利益剰余金の部で剰余金の増減を表示しています。期首残高に「当期純利益」とその他の調整額を足し，配当金と役員賞与，そしてその他の調整金を差し引いて期末残高を計算しています。トヨタは，期首残高が6兆5,280億円で期末残高が7兆2,199億円ですので，利益剰余金は6,919億円増加しています。

　単独財務諸表の場合と同じく，連結剰余金計算書を見ると，企業グループの価値がどのように増減したか，利益がどのように分配され，どの程度内部留保されているかが一目瞭然です。

ポイント

⇒連結剰余金計算書は，企業グループが期間中に稼いだ利益をどのように分配し，どの程度内部留保し，そして期末残高がいくらになったかを表示するもの。

トヨタ自動車株式会社　有価証券報告書（2003年3月期）

③【連結剰余金計算書】

区分	注記番号	前連結会計年度 (自 平成13年4月1日 至 平成14年3月31日) 金額(百万円)		当連結会計年度 (自 平成14年4月1日 至 平成15年3月31日) 金額(百万円)	
Ⅰ 連結剰余金期首残高			6,162,656		―
Ⅱ 連結剰余金減少高					
1 配当金		98,638		―	
2 役員賞与		2,050		―	
3 連結子会社の増加に伴う減少高		16,742		―	
4 連結子会社の減少に伴う減少高		3,874		―	
5 連結財務諸表提出会社の株式消却に伴う減少高		129,218	250,524	―	―
Ⅲ 当期純利益			615,824		―
Ⅳ 連結剰余金期末残高			6,527,956		―
（資本剰余金の部）					
Ⅰ 資本剰余金期首残高					
資本準備金期首残高		―	―	415,150	415,150
Ⅱ 資本剰余金増加高					
1 自己株式処分差益		―	―	1,430	
2 株式交換に伴う増加高		―	―	1,820	3,251
Ⅲ 資本剰余金期末残高					418,401
（利益剰余金の部）					
Ⅰ 利益剰余金期首残高					
連結剰余金期首残高		―	―	6,527,956	6,527,956
Ⅱ 利益剰余金増加高					
1 当期純利益		―	―	944,671	
2 連結子会社の減少に伴う増加高		―	―	3,804	
3 持分法適用会社の増加に伴う増加高		―	―	166	948,642
Ⅲ 利益剰余金減少高					
1 配当金		―	―	109,330	
2 役員賞与		―	―	2,316	
3 連結子会社の増加に伴う減少高		―	―	2,062	
4 連結財務諸表提出会社の株式消却に伴う減少高		―	―	142,992	256,702
Ⅳ 利益剰余金期末残高			―		7,219,896

9. トヨタの連結キャッシュフロー計算書

　最後に，トヨタのキャッシュフロー計算書を見ることにしましょう。わが国では，キャッシュフロー計算書は1999年に導入され，証券取引法の対象となる上場企業全社に提出が義務付けられています。

　ここでの「キャッシュ」とは，現金や銀行預金に加え，3か月以内の定期預金やコマーシャルペーパー[22]などのいわゆる「現金同等物」も含みます。キャッシュフローの「フロー」は流れという意味で，企業がどういった方法でキャッシュを獲得し，またそれらのキャッシュをどのような目的に使用しているかを表しています。

　キャッシュフロー計算書が導入された背景には，B/SやP/Lが企業の経済活動の実態を十分に反映できなくなったという状況があります。従来の財務諸表は，キャッシュの出入りに関わらず，売上や費用が発生した時点で計上されます（発生主義）[23]。しかし極端な話，信用取引の売上は伸びてもキャッシュの回収が追いつかず，債務不履行で倒産という事態にもなりかねません。こういった事態になる前に，投資家や債権保持者にタイムリーな情報を与える目的で，キャッシュフロー計算書が追加されたというわけです。

　もちろん，これだけの理由で導入が決まったわけではありませんが，企業の存続におけるキャッシュの重要性が見直されてきたことは間違いありません（「キャッシュフロー経営」とも呼ばれる）。ちなみに，アメリカでは1987年に導入されました。

---

[22] 企業が，短期資金調達のために発行する短期の約束手形。
[23] 発生主義は，キャッシュの動きに関わらず，売上や費用が発生した時点で計上するという規則。一方現金主義は，キャッシュの動いた時点で初めて売上や費用を計上することになるため，どうしても実際の企業活動と財務諸表のタイミングがずれてしまいます。ですから，発生主義そのものは，財務諸表のタイミングを重視するという点ではむしろ必要不可欠なものなのです。

キャッシュフロー計算書は，営業活動，投資活動，財務活動の3つに分けて報告されます。営業活動は，本業の営業取引に関するもので，売上による収入，費用の支払いに加え，売掛金や買掛金の増減が主なものです。また，受取利息や配当も営業活動に入れることがあります。企業の営業活動がプラスのキャッシュフローを生み出しているかを知ることができます。

一方，投資活動は文字通り企業の投資活動に関するもので，営業活動で稼いだキャッシュ，もしくは外部から調達した資金をどのように投資しているかを表しています。具体的には，設備投資や開発投資，子会社や関連会社への投資，有価証券投資などがこれに含まれます。投資活動は，企業の将来性を予測する上で重要な情報を与えてくれます。投資活動キャッシュフローは支払いが主なので通常はマイナスの数字になりますが，投資物件を売却した場合などは入金（プラスのフロー）として計上されます。

財務活動は，企業がどこからどのようにしてキャッシュを調達し，また返済したかを示しています。例えば，銀行から借り入れる，社債を発行する，株式を発行するなどしていくら調達しているかを知ることができます。

トヨタの計算書を見てみましょう。2003年3月期の営業活動は1兆3,295億円，投資活動はマイナス1兆3,858億円，財務活動は336億円のキャッシュを生み出していることが分かります。そして，同期間内にキャッシュの残高は649億円減少しています（期首残高±期間内増加・減少額±換算差額）。

これを見ると，トヨタは確実に本業からの現金収入を稼いでおり，さらに投資活動に必要なキャッシュはほとんど営業活動からのキャッシュでまかなっていることが分かります。つまり，銀行や株主から新たに資金を調達しなくても投資活動を続けていけることを意味しています。

また，有形固定資産に対する投資が前年度比で5.3%ほど増えてることが分かります。これは，通常将来の収益につながるので将来性のある投資と言えます。一方，投資有価証券の取得が前年度比で66%も増えています。これは，稼いだキャッシュのうち実物投資に回さなかった分を有価証券に投資しているため，将来性という意味ではあまり有望とは言えません。

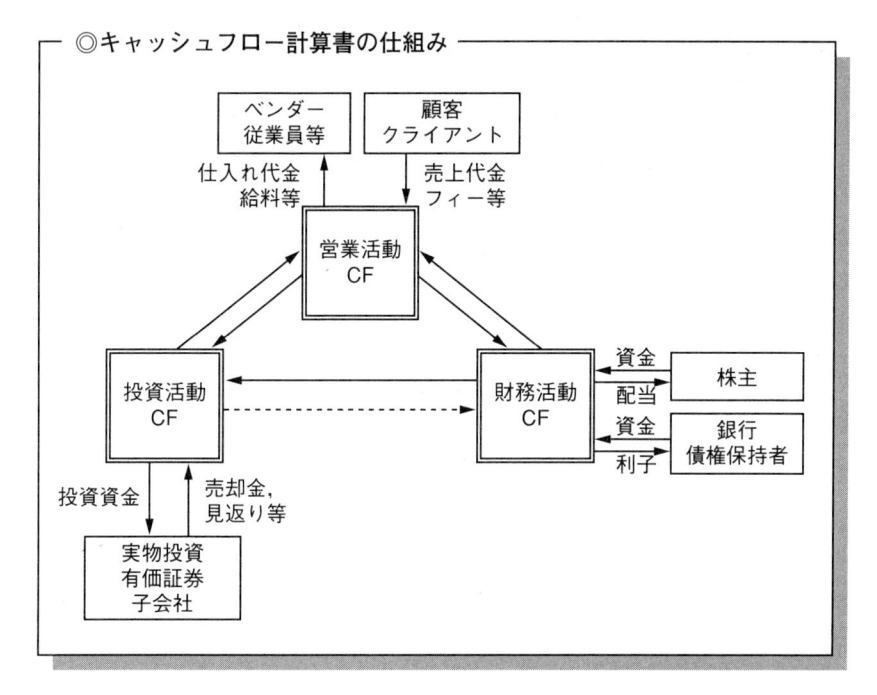

◎キャッシュフロー計算書の仕組み

```
            ベンダー         顧客
            従業員等       クライアント
              ↑              │
         仕入れ代金         売上代金
         給料等             フィー等
              │              ↓
            ┌─────────────────┐
            │   営業活動      │
            │     CF          │
            └─────────────────┘
             ↗             ↘
   ┌──────────┐  ←──  ┌──────────┐  資金   ┌──────────┐
   │ 投資活動 │       │ 財務活動 │ ←───── │  株主    │
   │   CF     │  ──→  │   CF     │ 配当   └──────────┘
   └──────────┘       └──────────┘  資金   ┌──────────┐
     │   ↑                          ←───── │  銀行    │
  投資資金 売却金,                   利子   │債権保持者│
         見返り等                           └──────────┘
     ↓   │
   ┌──────────┐
   │ 実物投資 │
   │ 有価証券 │
   │  子会社  │
   └──────────┘
```

　ただし，これ自体が悪いのではなく，企業が成長期から成熟期にかかっている場合，有益な投資先が少なくなるのはよく見られる現象です。もしくは売上が伸びるなどして現金の入りが急増した結果，一時的に有価証券に投資しているのかもしれません。有報の「事業の状況」や「設備の状況」等を詳しく読む必要があります。

　このように，キャッシュフロー計算書は，B/SやP/Lでは分からない情報が読み取れるため，この仕組みを理解することはとても重要です。同計算書の読み方と，そこから得られる情報をどのように企業分析に活用するかについては，別の機会に説明します。

ポイント

⇒キャッシュフロー計算書は，企業がどのようにしてキャッシュを獲得し，どのように使用しているかを示したもの。

⇒キャッシュフローは，その出所と用途ごとに営業活動，投資活動，財務活動の3つに分けて表示される。

第6章　実際の会社の財務諸表を見てみよう！

トヨタ自動車株式会社　有価証券報告書（2003年3月期）

④【連結キャッシュ・フロー計算書】

区分	注記番号	前連結会計年度 (自 平成13年4月1日 至 平成14年3月31日) 金額(百万円)	当連結会計年度 (自 平成14年4月1日 至 平成15年3月31日) 金額(百万円)
Ⅰ　営業活動によるキャッシュ・フロー			
1　税金等調整前当期純利益		1,113,524	1,649,318
2　減価償却費		803,607	851,634
3　固定資産処分損		52,637	53,863
4　退職給付引当金の増加(△:減少)額		131,187	△ 113,478
5　受取利息及び受取配当金		△ 55,649	△ 53,280
6　支払利息		31,990	29,547
7　持分法による投資利益		△ 15,046	△ 81,966
8　売上債権の増加額		△ 583,422	357,746
9　連結金融子会社の貸付金の増加額		△ 91,321	407,186
10　たな卸資産の減少(△:増加)額		11,512	△ 25,842
11　仕入債務の増加額		14,686	108,611
12　その他		△ 174,576	294,123
小計		1,239,130	1,947,598
13　利息及び配当金の受取額		68,454	69,766
14　利息の支払額		△ 31,475	△ 30,084
15　法人税等の支払額		△ 516,959	△ 657,808
営業活動によるキャッシュ・フロー		759,149	1,329,472
Ⅱ　投資活動によるキャッシュ・フロー			
1　定期預金の純減少(△:増加)額		34,828	△ 32,195
2　有価証券及び投資有価証券の取得による支出		△ 667,893	△ 1,111,584
3　有価証券及び投資有価証券の売却による収入		159,139	208,776
4　有価証券及び投資有価証券の満期償還による収入		604,080	723,981
5　有形固定資産(賃貸リース用車両以外)の取得による支出		△ 961,402	△ 1,012,803
6　賃貸リース用車両の取得による支出		566,690	540,945
7　有形固定資産(賃貸リース用車両以外)の売却による収入		65,119	64,074
8　賃貸リース用車両の売却による収入		408,422	283,840
9　その他		△ 29,635	31,042
投資活動によるキャッシュ・フロー		△ 954,031	△ 1,385,814
Ⅲ　財務活動によるキャッシュ・フロー			
1　短期借入金の純増加(△:減少)額		26,112	△ 202,190
2　コマーシャル・ペーパーの純増加額		78,331	179,453
3　長期借入れによる収入		261,823	189,693
4　長期借入金の返済による支出		△ 293,559	△ 144,933
5　社債の発行による収入		1,493,896	1,564,564
6　社債の償還による支出		△ 830,294	△ 984,848
7　自己株式の取得による支出		△ 282,849	△ 454,611
8　配当金の支払額		△ 98,638	△ 109,330
9　その他		△ 6,816	△ 4,241
財務活動によるキャッシュ・フロー		348,005	33,555
Ⅳ　現金及び現金同等物に係る換算差額		32,375	42,098
Ⅴ　現金及び現金同等物の増加(△:減少)額		185,499	△ 64,884
Ⅵ　現金及び現金同等物の期首残高		1,507,280	1,688,126
Ⅶ　連結範囲の異動に伴う現金及び現金同等物の減少額		△ 4,654	─
Ⅷ　現金及び現金同等物の期末残高		1,688,126	1,623,241

第7章 財務諸表を使った経営分析

1. 経営分析について

　前章では，実際の会社の財務諸表を見ましたので，この章では財務諸表の数字を使って企業の収益性や財務状態を分析する，いわゆる経営分析の方法について学ぶことにしましょう。経営分析は，財務諸表上の数字を基に何らかの比率を計算する方法が一般的です。経営分析には多数の比率が使用されていますが，本書では代表的なものに絞って紹介していきます。

　経営分析は，あくまでも財務諸表の数字のみを使用した分析手法なので，株価収益率などの株価の水準を評価する方法とは基本的に性質が異なります。現在の株価が適正かどうかという問題は企業価値の評価の問題なので，詳しくは第3部で紹介していきます[24]。

　経営分析の手法は大きく分けて，自己の数値を時系列で比較するもの（タイムシリーズ分析）と，他社の数値と比較する方法（クロスセクション分析）の2つがあります。クロスセクションは「横断面」という意味があり，文字通り

---

[24] 株式投資については第3部と第4部で詳しく説明しますが，株式投資において最も重要なのは，将来有望な会社を見つけることではなく，株価が潜在投資価値を下回っている，いわゆる割安な銘柄を捜し出すことです。

いくつかの会社の数字を横に並べて比較するという手法です。

もちろん、こういった比率を縦横斜めに比較するだけではあまり意味がありません。例えば、クロスセクションで比較することにより、その企業の競争力や弱点を捜し当てることも可能でしょう。また、時系列分析を行うことで、企業分析のヒントとなるようなトレンドやパターンを読み取ることもできます。つまり、経営分析は企業の競争力や問題点等を明らかにするための出発点と理解してもらえば良いと思います。

この章では、企業の**収益性**に関する比率の総資本利益率（Return on Assets, ROA）と株主資本利益率（Return on Equity, ROE）、**資産の運用効率**に関するものとして資産回転率（Asset Turnover Ratio）と売上総利益率（Gross Margin Percentage）、そして**安全性**に関するものとして負債比率（Leverage）と流動比率（Current Ratio）を紹介します。

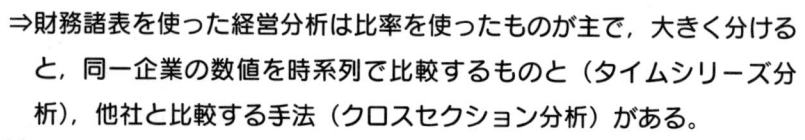

ポイント

⇒ 財務諸表を使った経営分析は比率を使ったものが主で、大きく分けると、同一企業の数値を時系列で比較するものと（タイムシリーズ分析）、他社と比較する手法（クロスセクション分析）がある。

2. どれくらい儲かっているの？

企業がどのくらい儲かっているかを示す、「収益性」に関する指標を見てみましょう。代表的なものは総資本利益率（Return on Assets, ROA）と株主資本利益率（Return on Equity, ROE）です。収益性とは、投資したお金に対して何％利益が上がったかを示す数値で、銀行預金の利子率のようなものと考えてください。

第7章 財務諸表を使った経営分析 **99**

　まずROAですが，これは全ての資産を使ってどの程度効率良く利益を稼いだかを示す指数で，営業利益に受取利息等の営業外収益を足した金額を，期首総資産で割って求められます。総資産は負債と資本の合計なので，利益には営業利益だけでなく，受取利息や受取配当等も含めて計算します。

　一方，ROEは株主が投資したお金（資本）を使ってどれだけ効果的にお金を稼いだかを示すもので，当期純利益を期首資本残高で割って求めます。これは，利益のうち最終的に株主に帰属するものを基にしていますので，営業利益から支払利息や税金を含む全てのコストを差し引いた利益，つまり当期純利益を使用します。ROEは企業の投資価値にも密接に関連性があるので，しっかり覚えてください（詳しくは第3部，および第4部を参照）。

　同じくトヨタの例を使うと，2003年3月期の経常利益は1兆3,637億円，営業外収益は2,961億円，そして期首（前年度期末）総資産は19兆8,889億円なので，ROAは8.3％です[25]。また，当期純利益は9,447億円，前期末資本は7兆3,251億円なので，ROEは12.9％となります。

　この数字を見るだけではあまり意味がないので，まず時系列で比較すると，2002年3月期のROAは7.8％（ROE＝8.6％）なので確実に伸びていることが分かります。では，他社と比較するとどうでしょうか。例えば，同じ自動車産業に属するホンダの2003年3月期のROAは10.1％（ROE＝16.6％），前年度は11.4％（16.3％）なので，ホンダの方が収益性が高いということになります。

　もちろんここで止まるのではなく，なぜホンダの方が収益性が高いのかについて分析しなければなりません。計算式を見ると分かりますが，ROAやROEを高めるためには，分子の利益を上げるか，分母の総資産（純資産）を下げるか，もしくはその両方を実現しなければなりません。収益性を分析する際は，これらの点に着目すると良いでしょう。

---

[25] この場合は，正しくは「総資産経常利益率」と呼び，当期純利益を分子にする場合は，「総資産純利益率」と呼ぶ。

◎トヨタ

	2003年3月	2002年3月	2001年3月
総資産額①	20,742,386	19,888,937	17,519,427
純資産額②	7,460,267	7,325,072	7,114,567
営業利益③	1,363,679	1,123,470	―
営業外収益④	296,100	244,111	―
当期純利益⑤	944,671	615,824	―
ROA［(③+④)÷①'］	8.3%	7.8%	
ROE［⑤÷②'］	12.9%	8.6%	

◎ホンダ

	2003年3月	2002年3月	2001年3月
総資産額①	7,681,291	6,949,795	5,667,409
純資産額②	2,629,720	2,573,941	2,230,291
営業利益③	689,449	639,296	―
営業外収益④	13,186	9,343	―
当期純利益⑤	426,662	362,707	―
ROA［(③+④)÷①'］	10.1%	11.4%	
ROE［⑤÷②'］	16.6%	16.3%	

①'，②'は前期の数値を使用

ポイント

⇒総資産利益率（Return on Assets：ROA）＝ $\dfrac{\text{営業利益}＋\text{営業外収益}}{\text{期首総資産}}$

⇒株主資本利益率（Return on Equity：ROE）＝ $\dfrac{\text{当期純利益}}{\text{期首純資産}}$

3. どれくらい効率良く お金を稼いでいるの？

次は，企業がどのくらい効率よく収益を上げているか，つまり資産の運用効率を示す比率を2つ紹介します。

1つは，「総資産回転率（Asset Turnover Ratio, ATR）」で，売上高を期首総資産で割って求められます。これは，企業が所有する資産を使ってどれだけ効率良く収益を上げたかを示し，数字が大きい方が効率が良いとみなします。例えば，同じ100億円の資産を導入して，A社は200億円の収益（総資産回転率＝2），B社は300億円の収益を上げているとすれば（同＝3），B社の方が同じ額の資産をより効率良く使って収益を上げていると言えます。

トヨタの例で見ると，2003年3月期の総資産回転率は0.81，前年度は0.86なので，若干効率が落ちてきているようです。ホンダと比較してみましょう。2003年3月期の総資産回転率は1.15，前年度は1.30と，こちらも時系列で見ると少し低下しているようが，トヨタの数字よりは良いと言えます。この数字だけで一概には言えませんが，トヨタの方があまり生産性に貢献していない資産を多く持っている可能性があります。

計算式を見ると分かるように，総資産回転率を上げるためには，売上を伸ばすか，総資産を減らすかその両方の方法がありますので，不必要な（効率の悪い）資産は売却するなどして処分する方が賢明と言えます。

もう1つの比率は，「売上総利益率（Gross Margin Percentage, GMP）」で，売上総利益を売上高で割った数字です。売上総利益は売上高から売上原価を引いたもので，粗利とも呼ばれます。売上総利益率は，企業がどれだけ市場で価格を決定する力があるか，またはどれだけコストを低く抑えているかを見るための比率です。つまり，売上総利益率を上げるためには，どれだけ商品の値段を高く設定できるか，またはどれだけ低いコストで商品を製造できるか，に

よって決まるのです。その意味では，収益性と市場での競争力の両方を示す比率とも言えます。

　トヨタの売上総利益は2003年度が24.3%，2002年度が23.7%と若干ながら伸びていることが分かります。ホンダはどうでしょうか。2003年3月期は32.1%で2002年度が31.6%なのでこちらも上昇しています。2社間で比較すると，ホンダの方がより高い売上総利益率を出しています。これは，ホンダの方が利幅の大きいプレミアム車を多く売っているのか，もしくは1台当たりの平均生産コストがトヨタのそれを下回っているか，などが原因として考えられます。しかし，これももう少し両者の事業内容を研究してみないと，確かなことは言えません。

◎トヨタ

	2003年3月	2002年3月	2001年3月
総資産額①	20,742,386	19,888,937	17,519,427
売上高②	16,054,290	15,106,297	―
売上総利益③	3,898,149	3,587,515	―
ATR [②÷①']	0.81	0.86	
GMP [③÷②]	24.3%	23.7%	

◎ホンダ

	2003年3月	2002年3月	2001年3月
総資産額①	7,681,291	6,940,795	5,667,409
売上高②	7,971,499	7,362,438	―
売上総利益③	2,561,307	2,326,250	―
ATR [②÷①']	1.15	1.30	
GMP [③÷②]	32.1%	31.6%	

①'は前期の数値を使用

ポイント

⇒総資産回転率（Asset Turnover Ratio：ATR）＝ $\dfrac{売上高}{期首総資産}$

⇒売上総利益率（Gross Margin Percentage：GMP）＝ $\dfrac{売上総利益}{売上高}$

4. どのくらい安全なの？

　今度は，企業の財務体質の安全性を見るための比率を2つ紹介します。企業の安全性とは，その企業が倒産しないで存続していけるか，負債を弁済していく力があるかを意味しています。

　まずは，企業がどれだけ他人資本，つまり負債に頼っているかを示す「負債比率（Leverage）」を見てみましょう。負債比率は，負債総額を株主資本で割って求められ，数字が低い方が良いと考えられます。もちろん，会社を経営する上で，ある程度借金をすることは避けられませんが，特に社債などの長期の負債が多い場合は支払利子の負担が大きくなり，その分利益を圧迫するというデメリットがあります。また，不況等で資金繰りが苦しくなると支払不能に陥り，倒産という最悪の結果を招くこともありますので，やはり一般的に借金は少ない方が良いと言えます。

　では，トヨタとホンダの負債比率を計算してみましょう。トヨタは，2003年3月期の負債比率は171％，前年度は165％と，わずかですが負債比率が増えていることが分かります。ホンダの場合は，192％と181％なのでこちらも少し増えています。これにはさまざまな理由が考えられるので，一概に何が原因とは言えませんが，何らかの投資をするために資金が必要となったか，株式

市場が低迷しているために新株を発行せずに，負債を使って資金繰りをしたという可能性も考えられます。いずれにせよ，もう少し事業内容やファイナンスの状況等を調査する必要があります。

もう1つの比率は，企業の短期的な支払能力を見る上で便利な「流動比率（Current Ratio）」です。これは，流動資産を流動負債で割ったもので，数字が大きいほど良いとされます。つまり，短期的に支払義務がある流動負債に対し，何倍の流動資産を持っているかを示しています。

トヨタの流動比率は2003年3月期が146％，前年度145％なので，十分な支払能力があると考えられます。200％以上が優良とする場合もありますが，140〜150％でも問題ないと思われます。ホンダは，今年度は105％，前年度は99％なので，年々増えてはいるもののトヨタのそれと比較すると見劣りします。しかし，流動比率を比較するだけではどちらが良いとは言い難く，なぜ両者に違いがあるのかを調べる必要があります。

◎トヨタ

	2003年3月	2002年3月
株主資本①	7,460,267	7,325,072
負債合計②	12,785,911	12,099,644
流動資産③	11,019,607	10,410,966
流動負債④	7,557,541	7,183,071
負債比率 ［②÷①］	171％	165％
流動比率 ［③÷④］	146％	145％

◎ホンダ

	2003年3月	2002年3月
株主資本①	2,629,720	2,573,941
負債合計②	5,051,571	4,366,854
流動資産③	3,292,360	3,088,344
流動負債④	3,122,390	3,110,059
負債比率 ［②÷①］	192％	170％
流動比率 ［③÷④］	105％	99％

第7章 財務諸表を使った経営分析

ポイント

⇒ 負債比率 (Leverage) ＝ $\dfrac{負債}{株主資本}$

⇒ 流動比率 (Current Ratio) ＝ $\dfrac{流動資産}{流動負債}$

◎財務諸表を使った経営分析のまとめ

計算式	比率の読み方
総資産利益率 (Return on Assets : ROA) ＝ $\dfrac{営業利益＋営業外収益}{期首総資産}$	高い方が良い
株主資本利益率 (Return on Equity : ROE) ＝ $\dfrac{当期純利益}{期首純資産}$	高い方が良い
総資産回転率 (Asset Turnover Ratio) ＝ $\dfrac{売上高}{期首総資産}$	高い方が良い
売上総利益率 (Gross Margin Percentage) ＝ $\dfrac{売上総利益}{売上高}$	高い方が良い
負債比率 (Leverage) ＝ $\dfrac{負債}{株主資本}$	低い方が良い
流動比率 (Current Ratio) ＝ $\dfrac{流動資産}{流動負債}$	高い方が良い

第3部

株価ってどうやって決まるの？

―株式投資の基礎―

これまでのところ，財務諸表の仕組みや読み方について学んできました。企業の日々の経済活動がどのように財務諸表に反映され，企業の価値がどうやって増えていくかについてお分かりいただけたと思います。今度は少し視点を変えて，投資対象としての企業，つまり株主にとっての企業の価値と，実際に市場で取引される株式の価格（「株価」）について考えてみましょう。

　いきなり株価の話をしても混乱するので，まずは投資って何？　というところから始めましょう。投資の定義や種類，そして投資の見返りとは何かについて見ていきます。

　そして次に，投資の評価方法について学びましょう。投資するかどうか決める際に最も重要なのは，投資した金額より多いお金が返ってくるかどうかです。当たり前のことのように聞こえますが，実際はそう簡単ではありません。1つには，投資する前から見返りがいくらになるかは確定できないため，何らかの方法で将来の見返りを予測する必要があります。

　仮に将来の見返りが正確に予測できても，長期の投資の場合は，ずっと先に受け取る（支払う）予定のお金を現在のお金と同様に扱うことはできません。例えば，今手元にある100万円と，10年後に受け取る予定の100万円ではその価値が違いますね。これは，「お金の時間的価値」があるためで，投資判断をする場合は当然考慮しなければなりません。このように，一見簡単な投資の価値評価も，実際はかなり複雑なのです。ここでは，これらの投資価値評価方法について説明します。

　そして，本題の株式投資の話に入ります。まずは株価がどうやって決まるか，株価に影響を与える要素にはどういったものがあるかについて説明します。また，日々の株価が変動する仕組み（プロセス）を見ながら，株式市場の機能について考えてみましょう。そして，株価の水準は何を基礎にしているかについて説明します。

　最後に，株価の水準を評価（割安か割高を判断する）尺度を2つ紹介します。株価収益率（PER）と株価純資産倍率（PBR）はいずれも比較的計算が簡単なため，一般の投資家の間でも広く使用されています。しかしこれらの評価方法も，理論的裏付けに乏しい（特にPER），実際の株価水準を計算するのに適していない，などいくつか問題があります。これらの欠点についても触れてみます。

第8章
投資するってどういうこと？

1. 投資の種類

　投資とは，簡単に言えば，「見返りを期待して短期，または長期で資金を提供すること」です。この場合の見返りとは金銭的な見返りで，一般的に「リターン」と呼ばれます。株式や債券などを買うことは投資ですし，売買を目的として貴金属やアパートなどを購入する行為も投資と言えます[26]。これに対し，銀行にお金を預けることは「(預) 貯金」と呼び，通常，投資とは区別して考えます。

　一言で投資と言ってもいろいろな種類がありますが，投資の対象別に見ると，「実物投資」と「金融投資」との2つに分けられます。実物投資は，読んで字のごとく機械や建物などの実際の物に投資することで，金融投資は，株式や債券などの金融資産に投資することを指します。投資する対象に違いはあれ，何らかのリターンを期待して資金を投資するという点では同じです。

　実物投資の中にもさまざまな種類があります。例えば，企業が新しく機器を購入したり工場を建設したりする行為もそうですし，個人が車やパソコンを購入するのも実物投資の一種と言えます。実物投資のリターンには，商品の製造

---

[26] もちろん，見返りを期待するという意味ではギャンブルも投資と言えますが，期待する見返りが掛け金より低いという点から，ギャンブルと投資は別と考えるのが賢明でしょう。

コストが下がる，品質が向上する，仕事の効率が上がる等がありますが，客観的にお金に換算するのは簡単ではありません。実物投資について詳しくは，企業ファイナンスに関するテキスト等を参照してください。

金融投資には，大きく分けると債券と株式投資があります。債券とは，国や地方自治体，または企業がお金を借りる際に発行する証券で，期間内に一定の利子が支払われ，満期になると投資したお金（「元本」）が帰ってくるのが普通です。債券に投資すると，その発行元にお金を貸した証拠として債券を受け取ります。その意味では，債券は借用書のようなものと考えられます。国や地方自治体が発行する債券を「国債」，「地方債」と呼び，一般の企業が発行する債券は「社債」と呼びます。

債券投資のリターンは，主に受取利子ですが，市場で取引されている債券の場合は，市場価格が上がると「値上り益」というリターンが発生することもあります。

これに対し株式は，株式会社が資金調達を目的として発行する証券です（第2部参照）。株式を購入すると株主（オーナー）となり，株主総会などを通して会社の経営に参加する権利を得ます。債券と違う点は，株式投資は利子のような決まった支払いがなく，投資した金額が返ってくるという保証もないことです。

その代わり，投資先の企業が儲かるとその分け前として「配当金」が支払われ，さらに市場で取引されている株式の場合，値段が上がると値上り益を受け取ることがあります。株価は短期間に何倍になることもあるため（もちろんゼロになることもあります），多額の値上り益を得ることがあります。これが，株式投資の大きな魅力と言えます。株式投資のリターンについて詳しくは次節で説明します。

株式の中には，証券取引所などで売買可能な「公開株（銘柄）」と，一般に取引されていない「未公開株」とがあります。未公開株は一般に購入できないため，本書では公開株に絞って話を進めます。公開株の中には，証券取引所で取引される「上場株（銘柄）」と，証券会社の店頭で売買される「店頭株（銘

柄)」がありますが，いずれも厳しい審査をパスする必要があります。

また，一定期間後に株式と交換できる社債，転換社債（Convertible Bond, CB）と，株価が一定の水準以上になれば株式を購入する権利，ワラント（新株引受権証書）等，社債と株式の折衷版のような証券もあります。

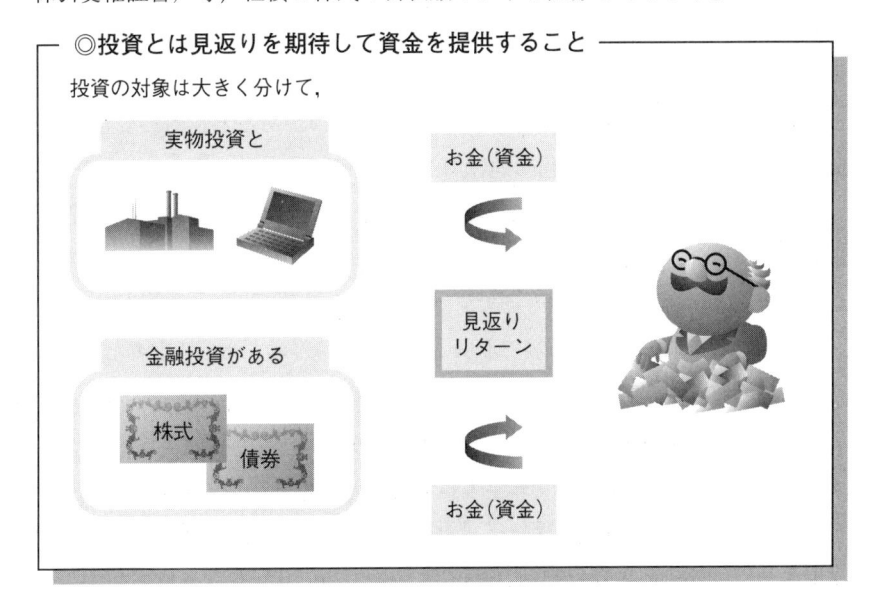

◎投資とは見返りを期待して資金を提供すること

投資の対象は大きく分けて，

実物投資と

金融投資がある

株式　債券

お金（資金）

見返り
リターン

お金（資金）

ポイント

⇒投資とは見返りを期待して短期，または長期で資金を提供すること。
⇒投資には，金融投資と実物投資があり，金融投資は債券と株式投資に分けられる。
⇒株や債券など金銭上の価値がある証券を「有価証券」と呼ぶ。
⇒株式には，「公開株」と「未公開株」があり，公開株には「上場株」と「店頭株」がある。

2. 金融投資のリターンって？

　金融投資，つまり債券と株式投資のリターンについてもう少し詳しく見てみましょう。

　債券投資のリターンには，利子と値上り益の2つがあると説明しました[27]。債券の利子は，1年ごとの利子（年利率）が額面に対するパーセンテージ（表面利率）で表示されており，例えば，5年満期，額面100万円の国債の表面利率が1％の場合，毎年1万円の利子を受け取ることになります。年利率は期間が長くなるほど高くなるのが普通です。

　また，国債や地方債など市場で取引されている債券は，市場の需要と供給のバランスで値段が変動しますので，値上り益や値下り損が発生することもあります。例えば，先の例の5年満期100万円の国債の値段が101万円に上がった場合は，1万円の値上り益が出たことになります。市場価格と額面の差額と，表面利率とを合わせて額面で割った数字を「利回り」と呼び，債券購入の際の重要な指標です。同じ例で利回りを計算すると，0.79％となり表面利率より低くなります[28]。

　一方株式のリターンには，「配当金」と「値上り益」の2つがあることは既に説明しました。第2部でも触れましたが，配当とは株主に対して配分される利益で，1株当たり何円といった現金で支払われるのが一般的です[29]。商法で限度額は決められていますが，配当を出すかどうかは基本的に会社の自由です。実際に，東京証券取引所の第1部で取引されている1,495社のうち，323社

---

[27] 利子の付く「利付債」とそうでない「割引債」がありますが，割引債も利子の支払いはなくても，実際は購入金額の中にあらかじめ組み込まれています。

[28] 利回り＝[表面利率＋(額面－購入価格)÷残存期間]÷購入価格。したがって，市場価格が上がると利回りは下がり，市場価格が下がると利回りは上がるという関係があります。

[29] 「無償増資」や「株式分割」といった現金以外の配当もあります。

(21.6%) が配当を出していません（無配当）[30]。

また，配当金の水準を示す指標として「配当利回り（利回り，株式利回りとも言う）」が一般的です。計算方法はいたって簡単で，1株当たりの配当金を株価の平均値で割って求められます。例えば，1株当たり50円の配当を出している企業の株価が，1年間の平均値で2,000円の場合，配当利回りは2.5%となります。東京証券取引所第1部上場企業の配当利回りの平均は，2002年度末の時点で1.42%となっています[31]。

値上り益は，株価が購入した金額より高くなった際に得られる利益ですが，株価は下がると値下り損が発生します[32]。株式は値動きが激しいため，その分値下がりする確率も高いと言えます。値下がりする確率を投資の世界では「リスク」と呼び，企業の投資価値評価にはとても大切な概念です。詳しくは後述します。

投資リターンの計算方法には「実質リターン」と「リターン率」の2つがあります。一般にこの2つを区別せずに使うことも多いのですが，混乱を避けるために違いを理解するようにしましょう。実質リターンは，投資した結果返ってきたお金から投資した金額を引いたもので，リターン率は実質リターンを投資金額で割った数値です。リターン率は，実質リターンを投資額に対するパーセンテージで表しているため，投資の効率を示す指標と言えます。

例を使って説明します。ある有価証券に100万円投資し，1年後に110万円で売却したとしましょう。この場合の実質リターンは，売却した金額から投資した金額を引いた10万円で，リターン率は10%（＝[110−100]÷100）とな

---

[30] 「東証要覧2003年」参照。
[31] 一概には言えませんが，通常成長過程にある企業は配当を支払わずに利益を内部留保し，各種投資に回すことが多いようです。そして，成長過程を過ぎて成熟期にある企業は，あまり投資するチャンスがなくなってくるので，利益を内部留保せずに配当金として株主に還元しようとします。最近の例では，アメリカのマイクロソフト社が，これまで無配当だった政策を変え2003年に初めて配当金（16セント）を支払いました。
[32] ちなみに，値上り益はあくまでも紙の上での利益で，実際に手に入れるためには株を売却する必要があります。値上り益と区別して，実現した値上り益を「売却益」と呼びます。

ります。

また，株式投資のリターンを計算する際は，配当と値上り益の両方を考慮する（総合利回り，総合リターン率）必要がありますので，注意してください。

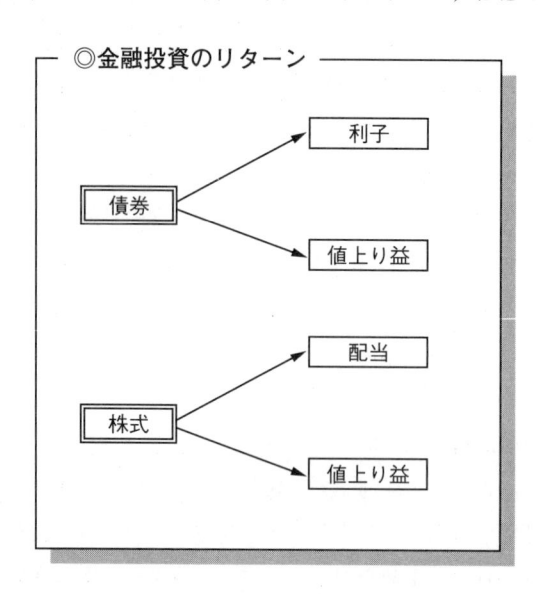

```
┌─ ◎金融投資のリターン ──────────┐
│                                              │
│                    ┌─ 利子 ─┐               │
│         ┌債券┐───┤                         │
│                    └─ 値上り益 ─┘           │
│                                              │
│                    ┌─ 配当 ─┐               │
│         ┌株式┐───┤                         │
│                    └─ 値上り益 ─┘           │
└──────────────────────────────┘
```

┌─ ◎株式投資のリターンの計算方法 ──────────────
│ ①配当利回り＝配当金÷株価平均
│ （例）1株当たり50円の配当を出している企業の株価が2,000円の場合
│   配当利回り＝50÷2,000＝0.025＝2.5％
│
│ ②総合利回り（総合リターン率）＝[値上り益＋配当]÷取得価格
│   ＝[売却価格－取得価格＋配当]÷取得価格
│ （例）1株2,000円で購入した株式を2,100円で売却，その間50円の配当を受け
│   取った場合
│   総合利回り＝(2,000－2,000＋50)÷2,000＝0.075
│   ＝7.5％
└────────────────────────────────────

> **ポイント**
> ⇒投資の見返りを「リターン」，投資した金額は「元本」と呼ぶ。
> ⇒投資のリターンには，返ってきた金額から元本を差し引いた「実質リターン」と，実質リターンを元本で割った「リターン率」の2つがある。
> ⇒株式のリターンを計算する場合は，配当と値上り益（売却益）の両方を計算に入れる。

3. 投資の評価方法

　投資の対象にはいろいろなものがあり，リターンにもさまざまな種類があることが分かりましたね。ここでは，ある対象に投資するかどうか決める際，何を規準に選んだら良いのか，つまり投資の評価方法について学ぶことにしましょう。

　本部の冒頭で，投資判断をする際は，投資した金額より多いお金が返ってくるかどうかが決め手と説明しました。しかし，投資する前からリターンが確定しているケースは稀なので，まず将来のリターンがどれくらいになるのか，つまり「リターンの期待値（以後，期待リターン）」を計算する必要があります。例えば，100万円の投資対象があって，110万円返ってくると期待される（期待実質リターンが10万円）場合，投資すべしとなります。

　では，この期待リターンはどうやって求めれば良いのでしょうか。これは，投資の対象にもよりますが，例えば国債の場合は表面利率（例，1％）はあらかじめ決まっていますし，特に短期の債券はあまり値動きしないので，比較的簡単に期待リターンが計算できますね。

しかし，株式投資の場合はそうはいきません。配当金は経営者の判断で金額が変わったり，突然無配に転落することもありますし，株価は毎日変動するので，例えば1年後の株価，つまり値上り益を予想することは困難です。それでも配当金の方は，過去の推移や，有報などに記載されている配当政策などを見ればある程度予測が可能と言えます。将来の期待リターンの予測方法を含む，株式投資の評価方法については**後述**します。

　一般の投資の評価方法の話に戻りましょう。投資判断をする際は，期待実質リターンがプラスなら投資し，逆にマイナスなら避けるというのが大原則です。では，投資の対象が複数ある場合はどうやって選べば良いでしょうか。当然ながら，期待リターンが一番高いものに投資すべしとなりますが，投資金額が異なる場合は，期待リターン率が高いものから順に投資していけば良いのです。リターン率は，投資額100円に対していくらのリターンがあるか（リターン率が10％なら10円），つまり投資の効率を示しているので，効率の良いものから順に投資するのが正解です。

　例えば，A，B，Cの3つの投資対象があるとしましょう。それぞれに必要な投資金額は，Aが100万，Bが50万，Cが200万，そして期待リターンはABCの順で5万，3万，8万とします。実質リターンだけで見るとCが8万円で一番高いのでCに投資すべしとなりますが，リターン率はどうでしょうか。Aは5％（＝5÷100），Bが6％（＝3÷50），Cは4％（＝8÷200）でBが一番高いですね。つまりBの投資効率が一番高いということになりますので，Bを先に選び，資金に余裕があればA，Cの順に投資していくと，利益を最大化することができます。

◎投資の評価方法

投資額＜返ってくると期待される金額⇒期待実質リターン＞0　⇒　投資する！
投資額＞返ってくると期待される金額⇒期待実質リターン＜0　⇒　投資しない！

◎投資の評価方法―対象が複数存在する場合

	A	B	C
①投資金額	100	50	200
②期待実質リターン	5	3	8
③期待リターン率（②÷①）	5%	6%	4%

期待リターン率で選ぶ⇒Bが一番効率が高い。

ポイント

⇒投資は，プラスのリターンがあれば成功，マイナスなら失敗。
⇒投資するかどうか判断する場合は，期待リターンを予測してプラスなら投資，マイナスなら避ける。
⇒複数の投資対象がある場合は，期待リターン率が高い順に選んで投資する。

4. お金の時間的価値って？
―長期投資の評価方法

　これまでのところ，短期間の投資を前提として話を進めてきましたが，今度は投資の結果が何年も先になるような，長期の投資の評価方法について考えて見ましょう。長期投資には，満期まで保有する目的で購入した10年物の国債や（金融投資）や，向こう20年間使用する予定でオフィスビルを建設する行為（実物投資）などが例として挙げられます。

　長期の投資の場合も，期待リターンがプラスなら投資するという基本的な判断基準は同じです。しかし，お金には「時間的価値」があるので，将来の期待リターンを計算する際，その分金額を調整する必要があります。

ではお金の時間的価値とは何でしょうか？ 例を使って説明しましょう。あなたの両親が，現金100万円を，今日かまたは1年後にプレゼントしてくれると言ったらどちらを選びますか。同じ金額なら早くもらった方が得なので，当然前者を選ぶと思います。今日お金を使えるという喜びもありますが，それよりも大事なのは，今日100万円もらって銀行に預金すれば1年分の利子がもらえることです。つまり，今日の100万円は1年後には100万円以上になっているという現象，これをお金の時間的価値（Time Value of Money）と呼びます。

そのように考えると，同じ金額なら，受け取るタイミングが先に延びれば延びるほど価値が低くなると言えますね。このように，長期の投資を評価する場合は，将来の期待リターンをお金の時価的価値分調整する，つまり現在の価値に換算する必要があるのです。

では，1年後の100万円は今日のお金に換算するといくらになるでしょうか。仮に銀行預金の利率が2％とすると，1年後に100万円にするためには今日いくら預金したら良いかというのと同じ質問なので，以下の計算式を解けば求められます。

1年後の100万円の今日の時点での価値＝$?×1.02＝100

$?＝100÷1.02＝98.04

つまり，1年後に期待されている100万円の入金は，今日の時点では98.4万円の価値しかないということになります。このように，将来のお金を現在の価値に換算する行為を「割引」，または「ディスカウント」と呼び，計算された値（98万円）を100万円の「現在価値」と呼びます。また，この場合の100万円は98万円の「将来価値」です。

もう少し複雑な例を見てみましょう。3年後に受け取る予定の100万円の現在価値はいくらでしょうか。今度は，最初の預金額に1年ごとに2％の利子が付くので，以下の式を解けばOKです。

> 3年後の100万円の現在価値＝$?×1.02×1.02×1.02＝100
> $?＝100÷1.02³＝94.23

　確かめてみましょう。94.23万円は1年後には96.12万円（＝94.23×1.02）に、2年後に98.04万円（＝96.12×1.02）、3年後には確かに100万円に増えています（＝98.04×1.02）。割引をする際の一般的な計算式は以下のとおりなので、しっかり覚えるようにしましょう。2年後の将来価値を計算する場合は、単純に利子率を足すだけではだめで、1＋利子率を2乗する点に注意してください（これを「複利」と言う）。

> 現在価値＝将来価値÷(1＋利子率)^{年数}
> 将来価値＝現在価値×(1＋利子率)^{年数}

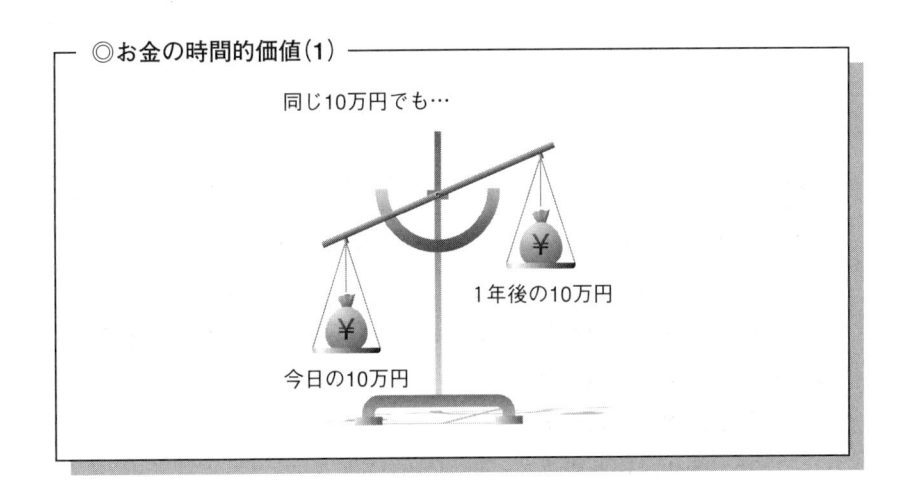

◎お金の時間的価値(1)

同じ10万円でも…

1年後の10万円

今日の10万円

```
┌─ ◎お金の時間的価値（2）─────────────┐
│  （例）1年投資の場合                        │
│      ┌──┐                  ┌───┐      │
│      │今日│   時間の流れ    │1年後│      │
│      └──┘────────────────→└───┘      │
│                                              │
│      100万円 ──────────→ 102万円        │
│             100万円×1.02    将来価値      │
│                                              │
│      98万392円 ←────────── 100万円       │
│      現在価値   100万円÷1.02              │
│                                              │
│  （例）3年投資の場合                        │
│      ┌──┐                  ┌───┐      │
│      │今日│   時間の流れ    │3年後│      │
│      └──┘────────────────→└───┘      │
│             ┌─────────┬─────────┐    │
│             │100万円×1.02│100万円×1.02²│  │
│             └─────────┴─────────┘    │
│      100万円 ──────────→ 106万1,208円   │
│             100万円×1.02³    将来価値     │
│                                              │
│      94万2,322円 ←──────── 100万円       │
│      現在価値   100万円÷1.02³             │
└────────────────────────────────────┘
```

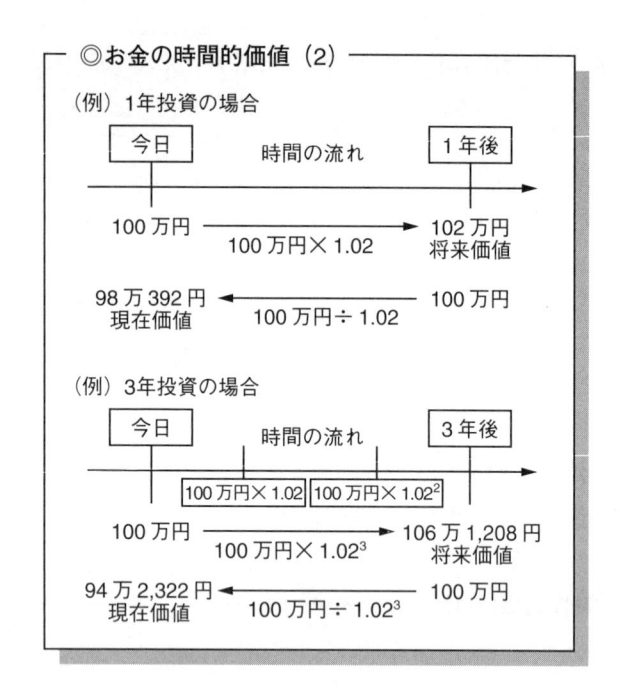

ポイント ══════════════════════════⇒

⇒長期の投資を評価する際は，必ずお金の時間的価値を考慮する。

⇒将来に期待されるお金を現在価値に換算する行為を「割引（ディスカウント）」と呼び，計算された金額を「現在価値」と言う。現在の金額を将来の価値（「将来価値」）に換算する行為は「複利」と言う。

⇒公式：現在価値＝将来価値÷(1＋利子率)^{年数}

　　　　将来価値＝現在価値×(1＋利子率)^{年数}

⇐══════════════════════════════

5. 長期投資の評価方法—正味現在価値法 (Net Present Value Method, NPV)

ここでは、一般的な投資の評価方法としての「正味現在価値法（NPV）」について説明します。少々大げさな名前ですが、これまで見てきた投資の評価方法を少しフォーマルに表現しただけですので、心配要りません。株式投資を評価するための練習として考えてもらえば結構です。

正味現在価値の「正味」は、将来の期待リターンの現在価値を全て足し合わせたものから、最初の投資額を引いた金額という意味です。例えば、100万円の投資に対して、将来のリターンを現在価値に換算して足し合わせた数字が95万円の場合、正味現在価値（NPV）はマイナス5万円となります。評価基準に従うと、NPVがマイナスなので投資は見合わせるという結論に達します。逆に、NPVがプラスなら期待リターンの総額が投資金額より多いので、投資するという結論となります。

NPV＝（期待リターンの現在価値）−（投資額）

実際の計算方法を見てみましょう。今年初めにXYZ社の株を1株5万円で買って3年後に売却するとします。同社は、毎年1回年末に1株当たり千円の配当を出し、また3年後の株価は7万円に上がると期待されています。この間、銀行の普通預金の利子率は年間2％と仮定します。では、この株式投資のNPVを計算してみましょう。

◎XYZ社の例

```
                      時間の流れ
              今日    1年後    2年後    3年後
               |      |       |       |
               +------+-------+-------+------→

  取引      株を購入   配当    配当   配当と株の売却
  お金の動き −50,000  ＋1,000 ＋1,000 ＋1,000＋70,000
  現在の価値 −50,000.00
          ＋   980.39 ← 1,000÷1.02
          ＋   961.17 ← 1,000÷1.02²
          ＋   942.32 ← 1,000÷1.02³
          ＋65,962.56 ← 70,000÷1.02³
  正味現在価値＋18,846.44
```

正味現在価値＝（将来リターンの現在価値の総和）−（投資額）

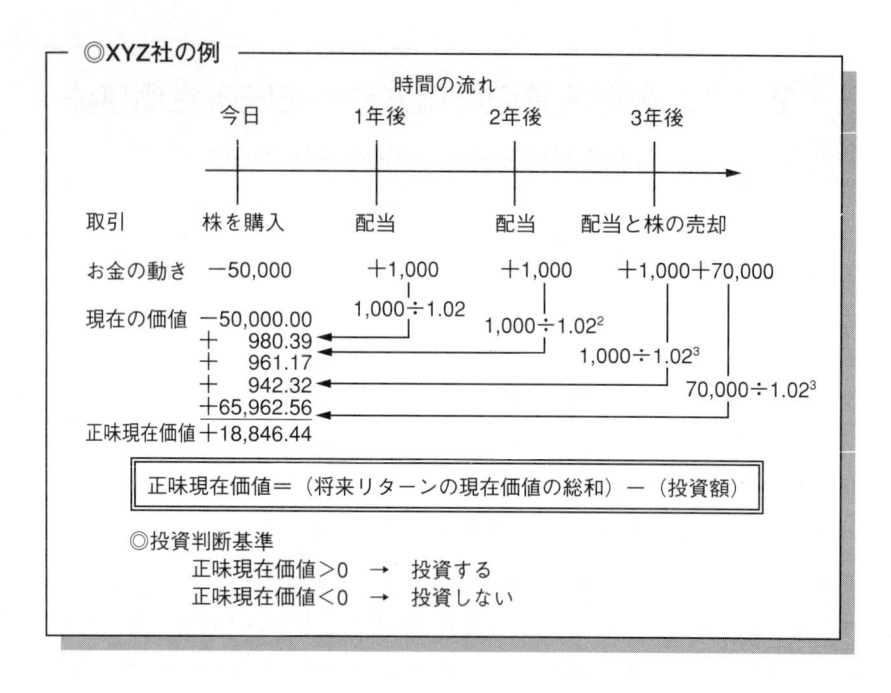

◎投資判断基準
　　正味現在価値＞0　→　投資する
　　正味現在価値＜0　→　投資しない

　まずは各年の配当金を割り引くと，1年目は980.39円（1,000÷1.02），2年目が961.17円（1,000÷1.02²），3年目は942.32円（1,000÷1.02³）となりますので，合計は2,883.88円です。当然ながら，受け取りが先になればなるほど現在価値は低くなります。

　今度は売却益です。3年後に売却する際の株価期待値は7万円なので，現在価値に換算すると65,962.56円（7万÷1.02³）となります。受け取り金額，つまり期待リターンの合計は，68,846.44円となります（＝2,883.88＋65,962.56）。NPVを計算すると，期待リターンの合計から投資額の5万円を引いて，プラス18,846.44円なので，これは投資に値するという計算です。

　ついでにリターン率を計算すると，37.7％（＝68,846.44÷5万−1）となり，こちらも投資すべしと示しています。

　長期投資も包括するように投資判断尺度を再定義すると，「NPVがプラスなら投資，マイナスなら投資しない」となります。そして，この評価尺度は全て

の投資に適用できるのです。

> **ポイント**
> ⇒将来のリターンを現在価値に換算して足し合わせ，投資した金額を差し引いたものを「正味現在価値（Net Present Value）」と呼び，これがプラスなら投資すべしとなる。

6. 割引率って？

　長期の投資を評価する際，将来の期待リターンを現在価値に換算する必要があると学びました。では，割引する際に必要な割引率はどうやって決めれば良いのでしょうか。これまでは一貫して銀行預金の利率を使用してきましたが，これが全ての投資に当てはまるわけではありません。

　単にお金の時間的価値を調整するためだけの目的なら利子率を用いても構いませんが，投資には「リスク」が伴うので，リスクの度合いに応じた割引率を使うのが決まりです（リスクについては**次節参照**）。投資のリスクが高ければ高いほど，その分高い割引率を使用する必要があるのです。

　簡単な例を使って説明しましょう。仮に，優良企業のA社と倒産寸前のB社があなたに借金を頼んできたとします。あなたなら，見返りとして何％の金利を求めるでしょうか？　優良企業のA社なら貸したお金はほぼ間違いなく返ってくるので，低い金利（例，銀行預金の利率プラス1％）でも良いと考えるでしょう。一方B社の場合は，かなり高い確率でお金が返ってこないことが予想されるため，もっと高い利子を求めるはずです。

　つまり，リスクの高い投資の場合は，リスクを補うだけの高いリターンが求められるという，いわゆる「ハイリスク・ハイリターンの関係（原則）」があ

るのです。同じ理由で，投資の期待リターンを現在価値に換算する際も，投資リスクに応じた割引率を使用します。

既に見たように，割引率が高いほど現在価値は低くなるので，その分正味現在価値がプラスになりにくくなります。下の表を見てください。

◎ハイリスク・ハイリターン

	低リスクA	高リスクB	高リスクC
①投資額	100	100	100
②1年後期待リターン＋元本	103	105	110
③割引率	2%	10%	10%
④期待リターン現在価値（②÷[1＋③]）	100.98	95.45	100
正味現在価値（④－①）	0.98	△4.55	0

A君はリスクが低いので…
2%
割引率が低い
↓
正味現在価値がプラスになりやすい

B君はリスクが高いので…
6%
割引率が高い
↓
正味現在価値がプラスになりにくい

A，B，Cはそれぞれ投資額は同じですが，Aは低リスクなので割引率は利子率の2％，BとCは比較的リスクが高いので10％を使用します。Aの実質リターンは2と低いですが，割引率が低いため正味現在価値はプラスとなっています。逆にBの実質リターンは5とAより高いにも関わらず，リターンの現在価値が低いため正味現在価値はマイナスとなっています。正味現在価値がプラスになるためには，最低10の実質リターン（C）を上げる必要があることが分かります。

このように，割引率は投資の評価に大きな影響を与えるので，適正な割引率を使用することはとても重要です。先の例は1年という短い期間の投資を想定していますが，これが5年や10年の投資となると，その影響はさらに大きくなるので要注意です。

投資の見返りとして最低必要とされるリターン率という意味で，割引率を「必要リターン率（Required Rate of Return）」，または「ハードル率（Hurdle Rate）」と呼びます。または，資本を他の対象に投資した場合に稼いでいたであろうリターンとして，「資本の機会コスト（Opportunity Cost of Capital）」とも呼ばれます。

割引率は単にお金の時間的価値を調整するだけでなく，投資リスクの度合いも反映しているのです。

ポイント
⇒将来の期待リターンを割引する際は，リスクに見合った割引率を使用する。
⇒割引率は，必要リターン率，ハードル率，または資本の機会コストと呼ばれる。

7. 投資のリスクって？

「投資リスク」という言葉は日常会話でもよく耳にしますが，具体的には何を意味し，また投資判断にどのように影響を与えるのでしょうか。これらについて考えてみましょう。

一般的に，投資をする上で最も怖いのはお金を損することと言えます。これは，ある対象に投資した結果，投資した金額より少ないお金しか返ってこな

かった，つまり実質リターンがマイナスだった場合は投資は失敗と呼ぶことからも明らかです。しかし，損をすること＝リスクと考えるのは少々早計です。次の例を使って考えてみましょう。

Aという投資対象があり，1年後の期待リターンは確実にマイナス5％とします。Aに100万円投資すると確実に5万円失うので，リスクが大きいと考えるかもしれません。しかし投資の世界では，将来のリターンが確実にマイナスになると分かっている場合，逆に確実に投資を避けることができるため，これをリスクとは呼ばないのです。

つまり，投資におけるリスクとは損をすることではなく，損をする可能性が高いことと定義されます。もう少し専門的に言えば，リスクとは将来のリターンが不確実なことを指し，この「不確実性」が高くなればなるほどリスクが高いと言います。そして，この不確実性は確率を使って表されます。

例えば，ここにAとBという証券があり，期待リターン率とリターン率がマイナス（ゼロ％以下）になる確率が以下のとおりとします。

◎証券A, Bの期待リターン率とリスク指標（標準偏差）

	期待リターン率	リターン率が0％以下になる確率	リスク指標（標準偏差）
A	11％	27％	18％
B	5％	0％	1％

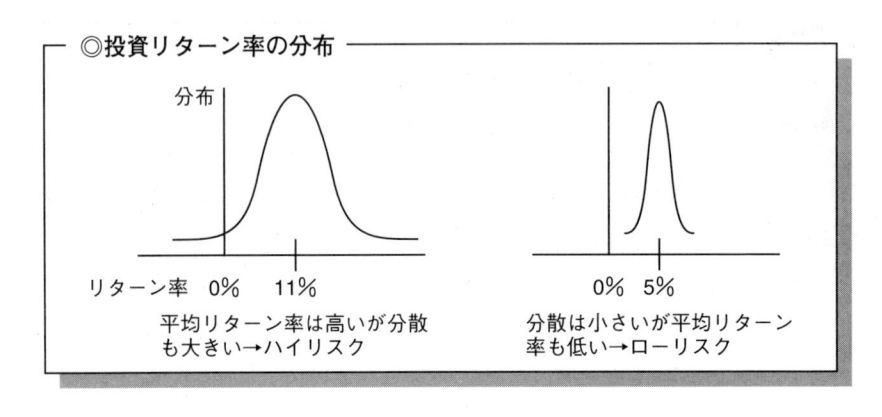

◎投資リターン率の分布

リターン率　0％　11％
平均リターン率は高いが分散も大きい→ハイリスク

0％　5％
分散は小さいが平均リターン率も低い→ローリスク

Aの期待リターン率は11％とBの５％より高いですが，損をする（リターン率がマイナスになる）確率が27％もあります[33]。一方，Bの方はリターンがマイナスになる確率はゼロなので，投資リスクはないと言えます。あなたならどちらの証券に投資しますか？　ハイリスク・ハイリターンのAですか，それともノー・リスク・ローリターンのBでしょうか？

　この期待リターン率と，リターンが一定の値（例，ゼロ％以下）になる確率はどうやって求めるのでしょうか。一般的には，過去のリターン率を統計学の手法を使って分析し，リターン率の平均値と，平均からの分散，すなわち「標準偏差」を求めます[34]。この平均値が期待リターン率となり，標準偏差がリスクを表す指標となります。これらの数値をグラフを使って表すと以下のようになります。

　もちろん，これらの数値の計算方法を知る必要はありません。ただ，標準偏差が大きければ大きいほど投資のリスクも高くなることだけ覚えておいてください。ちなみに，先の例のAは過去30年間の株式投資の平均値，Bは短期金利（現先）に関する数値です。ここでもハイリスク・ハイリターンの関係が顕著に現れていることが分かります。

ポイント

⇒投資のリスクは損をする確率が高いほど高く，値動きが激しいものほどこの確率は高くなる。

⇒リスクの度合いは，リターン率の「標準偏差」を使って表される。

---

[33] もちろん，損をする確率が大きいということは，大きく儲ける確率も高いことが分かります。しかし，投資におけるリスクはあくまでも損をする確率なので，**上方リスク**は無視して考えます。

[34] 過去5年分の月次リターン率（60か月分）を使用して計算する方法が一般的です。過去のデータを使って将来のリターン率やリスクを推定するのはおかしいと考えるかもしれませんが，実際問題としてこれ以外の方法はありませんし，リスクの性質はそれほど大きく変化するものではないため，一般的に受け入れられています。

8. ベータ値って？
──株式投資のリスクを測定するには

　前節で，投資のリスクは損をする確率で，過去のリターン率の「標準偏差」を使って表すと説明しました。また，リスクが大きいほど高いリターンを求められるという，ハイリスク・ハイリターンの関係についても説明しました。

　ここまでは良いのですが，リスクに見合った必要リターン率を実際に計算する際に１つだけ問題が残っています。それは，リスクの度合いが高まると何％余計にリターン率が求められるか，つまりリスクに対するプレミアム（「リスクプレミアム」）を客観的に測定する方法がないということです。

　そこでファイナンス理論の研究者たちは，株式の個々の銘柄の投資リスクを，「市場全体の値動きに対して個々の株価がどの程度反応するかの度合い」と定義し，必要リターン率を以下の数式を使って計算する方法を考え出したのです。

　各銘柄の市場全体の値動きに対する感応度を「ベータ値」と呼び，これが株式投資におけるリスクの尺度となります。ちなみに，以下の数式を「資本資産評価モデル（Capital Asset Pricing Model, CAPM）」と呼び，現在のファイナンス理論の大きな柱となっています。

株式の必要リターン率＝無リスク利子率＋株式Ａのベータ値×（市場全体の期待リターン率－無リスク利子率）　…CAPM

　例えば，無リスク利子率（例，短期国債の利回り）が１％で，市場全体の期待リターン率（例，東証１部銘柄の平均月次リターン）が６％，特定の企業のベータ値が0.8の場合，この企業の必要リターン率，つまり割引率は５％（＝１＋0.8×[6−1]）となります。ベータ値が１の場合，市場全体と同じリスクレベル，１以上（以下）の場合は市場全体よりリスクが高い（低い）となります。

　また，この式の最後の項［市場全体の期待リターン率－無リスク利子率］は，

株式市場全体のリスクに対して求められるリターンという意味で,「株式リスクプレミアム」,または「システマティック・リスク」と呼ばれています。

　株式の投資リスクがベータ値だけで簡単に表せるだろうか,と考えるのはごく自然な質問と言えるでしょう。実際に,学会や証券業界でもベータ値の有効性を検証する研究が進んでおり,ベータ値とその理論的裏付けとなる CAPM に対し疑問を投げかける声も少なくありません。

　それらの批判を受け,ベータ値以外に配当利回りや企業の規模など,株価に影響を及ぼすと考えられる要素を付け加えることで株式リターンを説明しようとする,マルチファクターモデル（マルチインデックスモデル）などが提唱され注目を浴びています。しかし,現在のファイナンスの世界ではベータ値が定着していますので,本書でもこちらを使用することにします。

　ベータ値は,通常過去5年間の月次リターンを使って計算され,市場全体の期待リターン率は東証株価指数（TOPIX）を使用するのが一般的です。実際の数値は,MNSマネーのサイト等で無料で入手できます（詳しくは第4部参照）。

ポイント

⇒資本資産評価モデル（CAPM）を使って株式の割引率を求める場合は以下の計算式を使用する。

　　株式の割引率＝無リスク利子率＋株式のベータ値×（市場全体の期待リターン率－無リスク利子率）

第9章 株に投資するって？

1. 株価ってどうやって決まるの？
　　—株価変動のメカニズム

　前章では，一般の投資の評価方法について学んだので，今度は株式投資について見ていきましょう。まずは，株式市場の仕組みと，株価がどうやって変動するのか，また株価の水準が何を基礎にしているのか，について説明します。そして，次に株価の水準を評価するための株式評価モデルを紹介しましょう。

　株式の売買の仕方や取引の仕組みについての説明は他著に譲るとして，ここでは公開株の株価がどうやって決まっていくか，つまり株価形成のプロセスについて説明します。例えば，トヨタ自動車の株が1日で2％上昇するのはなぜか，またどういった仕組みで株価が変動していくか等について考えてみましょう。

　株式市場は，多数の投資家がそれぞれの思惑を持って株式を取引する場所です。そして，株価は株式市場における需要と供給のバランスによって決まります。つまり，ある企業の株を買いたいと考える人が売りたいと考える人より多い場合株価は上昇し，その逆の場合は値下がりします。

　では，この需要と供給を動かしている要因にはどういったものがあるでしょうか。これは大きく分けて，企業の業績や事業内容に関わる「内的要因」と，

政治経済や国際収支などの企業を取り巻く環境に関連する「外的要因」の2つがあります。しかし，外的要因は最終的に企業の業績に影響を及ぼす（と期待される）ので，最終的に株価は内的要因によって決まると言って良いでしょう。

　企業の業績がどのように企業価値に反映され，それがどのように株価の基礎となるかという点については次節で説明するとして，株価が変動するプロセスについて見てみましょう。

　仮に，製薬会社Ａが癌の特効薬を開発したと発表したとしましょう。このニュースは，新聞やテレビ，または投資関係のニュースサービスなどを通して投資家に伝わります。投資家たちはこのニュースを各自の手法で分析・消化し，Ａ社の将来の業績に対する期待感を調整します。

　例えば，投資家Ｂは，この新薬のおかげでＡ社の将来の純利益が毎年100円ずつ上昇すると判断し，Ａ社の株価は間もなく10％上昇すると判断したとします。Ｂは当然値上りする前に買いたいと考えるので，すぐに買い注文を出します。Ｂ以外にも同様の判断をする投資家が100人いれば，それらの買い注文が大きな需要となり，結果としてＡ社の株価は上昇します。どれくらい上昇するかは，市場に参加している投資家達の平均的期待感によりますが，逆に考えると10％上昇したとすればそれが投資家の平均期待値とみなすことができます。

第 9 章 株に投資するって？   133

◎株式市場では

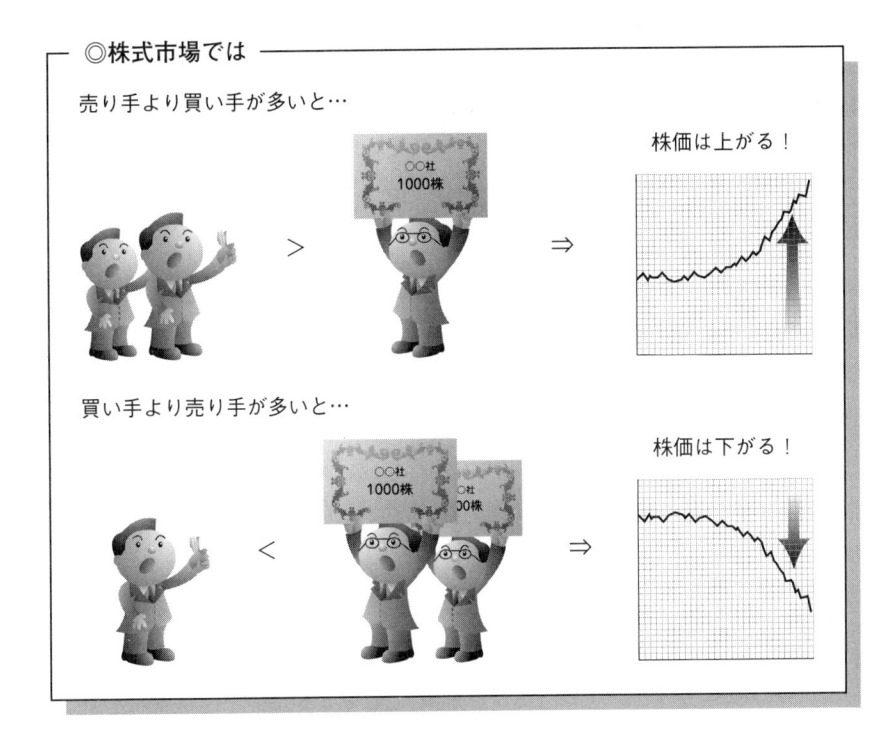

売り手より買い手が多いと…

〇〇社 1000株　＞　⇒　株価は上がる！

買い手より売り手が多いと…

〇〇社 1000株　〇〇株　＜　⇒　株価は下がる！

◎株価形成のプロセス

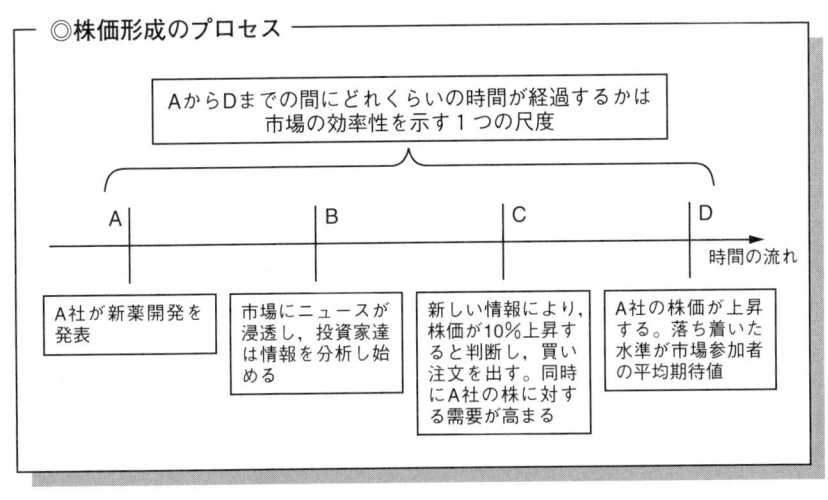

AからDまでの間にどれくらいの時間が経過するかは市場の効率性を示す1つの尺度

A　B　C　D　→　時間の流れ

- A：A社が新薬開発を発表
- B：市場にニュースが浸透し、投資家達は情報を分析し始める
- C：新しい情報により、株価が10％上昇すると判断し、買い注文を出す。同時にA社の株に対する需要が高まる
- D：A社の株価が上昇する。落ち着いた水準が市場参加者の平均期待値

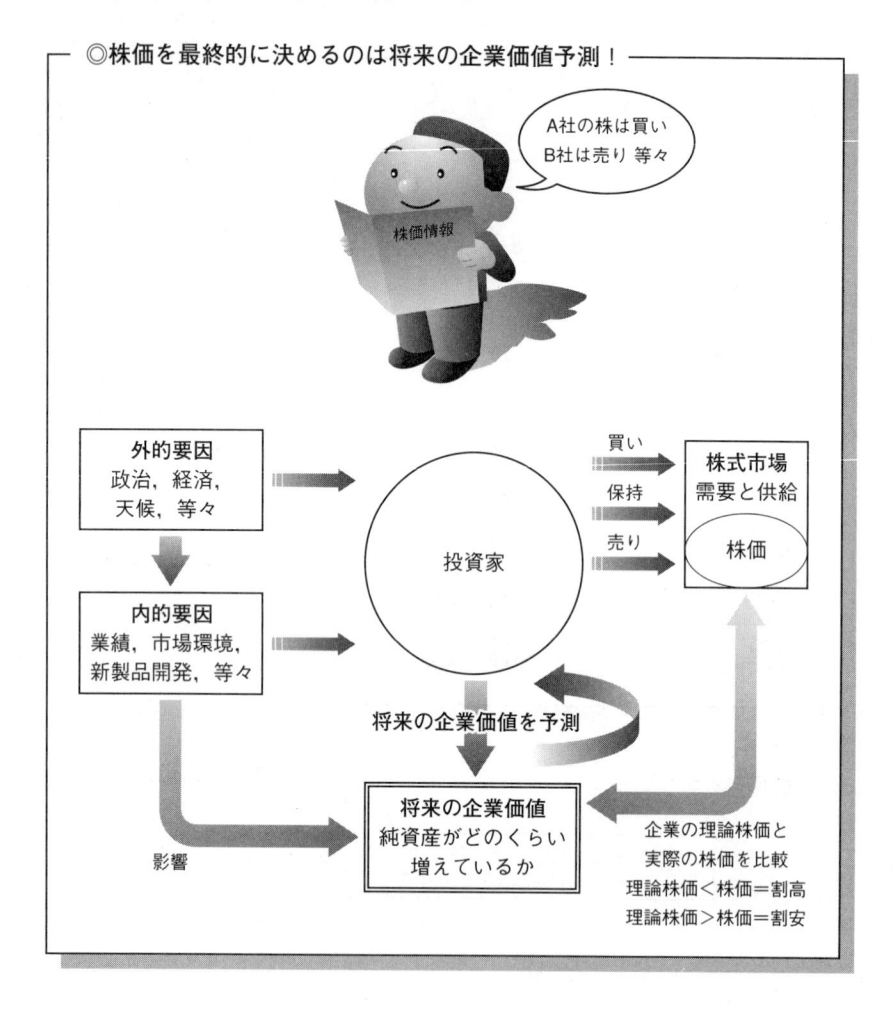

◎株価を最終的に決めるのは将来の企業価値予測！

(A社の株は買い B社は売り 等々)

外的要因
政治，経済，天候，等々

内的要因
業績，市場環境，新製品開発，等々

影響

投資家

買い
保持
売り

株式市場
需要と供給
株価

将来の企業価値を予測

将来の企業価値
純資産がどのくらい増えているか

企業の理論株価と実際の株価を比較
理論株価＜株価＝割高
理論株価＞株価＝割安

　株価が新しい情報に反応するまでのプロセスを図にしたものです。もちろん，毎日いろいろな情報が飛び交っていますし，投資家がどのように情報を処理するかも千差万別です。したがって，市場参加者の期待を複雑に反映しながら常に変動しているのです。また，AからDまでどれくらい時間が経過するかによって，市場が各種情報を処理する効率（略して「市場効率性」）の度合いが判断されます（コーヒーブレーク参照）。

市場の効率性が高い（ストロング・フォーム）場合，全ての情報が瞬時に株価に反映されるので，一般に株で儲けることは不可能ではないかと考える人もいるでしょう。しかし，資本市場は長期的には効率的でも，1時間，1日といった短期で見ると，投資家たちの感情や群集心理に左右される場合があります。特定のニュースに過剰に反応してパニック売り（買い）が起きたり，特定の銘柄や市場でバブルが発生したりするのは，その証拠と言えます[35]。

　こういった環境の中で，賢明な投資判断をするためには，株主価値を客観的に評価する技術を身に付け，日々の値動きに惑わされず長期のリターンを期待して投資していくことがベストではないか，と筆者は考えます。

ポイント
⇒公開株の株価は市場の需要と供給によって決まる。
⇒株式に影響を与える要因には「内的要因」と「外的要因」があるが，最終的には企業の将来価値の予想によって決まる。
⇒どういった情報がどのくらい迅速に，かつ正確に株価に反映されるかにより，市場の効率が判断される。

---

[35] ちなみに，投資家の行動の非合理性を基に株式や他の資本市場の動きを説明しようとする分野を「行動ファイナンス」と呼び，経済学の新たなアプローチとして脚光を浴びています。

コーヒーブレイク

〈市場の効率性とは？〉

　CAPMを含む，現代のファイナンス理論の基礎をなす考え方に，資本市場の効率性があります。これは，資本市場がどういった情報をどの程度迅速にかつ正確にプロセスし，証券の価格に反映させるかについての仮説です。市場はその効率性の度合いにより「ストロング（強い）」，「セミ・ストロング（やや強い）」，「ウィーク（弱い）」の3段階に分けられます。

　効率性が"ストロング"の場合，証券価格に影響を与える全ての情報が瞬時にして価格に反映されると仮定されます。この情報には，企業の業績や過去の株価の動きだけでなく，経営者だけが知りうるインサイダー情報など全てが含まれます。もしこの仮説が正しいとすれば，現在の株価（株式市場の場合）は全ての情報を織り込み済みなので，どんなに努力しても株式投資でお金を儲けることはできないことになります。

　例えば，A社が癌の特効薬の開発に成功したという情報を，A社に働く友人から入手したとします。しかし，ストロングな効率性を持つ市場では，この時点で既にA社の株価はこの情報に反応して上昇しているため，人より早く買って儲けるという作戦は成り立たないのです。

　"セミ・ストロング"な効率性を持つ市場では，インサイダー情報以外の全ての情報，つまり一般に入手可能な情報は全て瞬時に株価に反応されます。こういった環境下では，企業の業績や財務諸表を分析して株価の動きを予想する「ファンダメンタル分析」や，過去の株価や取引高の動きのみを分析する「テクニカル分析」を使っても長期的にお金を儲けることは不可能です。

　一方，市場効率が"ウィーク"な場合，現在の株価は過去の株価の

動きから得られる情報は全て織り込み済みなため，テクニカル分析は用をなさないことになります。ファンダメンタル分析は有益です。

これらの3つのうち，実際の資本市場に一番近いのはどれかについて，数多くの論文やリサーチ結果が発表されていますが，いまだに結論は出ていません。効率性を示す論文も数多くある反面，市場が効率的なら存在し得ない現象をいくつか示し，仮説に疑問を投げかけるリサーチも多く出てきています。

例えば，規模の小さい会社の株の平均リターン率がベータ値で説明されるレベルより高いという現象（「小型株効果」）や，1月に株価が上がるという「1月効果」などは，市場効率仮説に反する現象なので，「アノーマリー（異常）」と呼ばれています。また，本文中で紹介した「行動ファイナンス（Behavioral Finance）」の理論は，市場の効率性仮説では説明できない現象を説明するために発展したといえます。

心理学の観点から株式投資家の行動を説明した Daniel Kahneman, Vernon L Smith 両教授が，2002年にノーベル経済学賞を受賞したのは記憶に新しいところです。

筆者個人としては，資本市場は長期のスパンで見るとセミ・ストロング効率性を持っているが，短期的には投資家の感情や群集心理等に影響され，効率性を失う時期（瞬間？）があると考えています。そのため，残余利益モデル等の投資価値評価法をマスターし，長期的な視野に立って投資判断をすれば，一般の投資家にもお金を稼ぐチャンスはあると信じます。

2. 株価ってどうやって決まるの？
―株価の水準の基礎

　前節では，株価は株式市場での需要と供給によって決まり，これらに影響を与えるのは企業の将来の業績に対する期待感と説明しました。これは，株価が変動する（change）プロセスについての説明です。

　では，株価の水準（level）は何を基礎にしているのでしょうか。例えば，トヨタの株価はなぜ3,200円なのか，売上や利益の総額ではトヨタがホンダを上回っているのに，なぜホンダの株価の方が高いのか。ここでは，これらの問いに答えてみたいと思います。

　第2部で，株主にとっての企業の価値，すなわち株主価値は純資産で，株価は将来の純資産がどのくらい増えるか（減るか）という期待感を反映していると説明しました。ということは，現在の株価は現在の純資産を基礎にしていると言えます。以下の計算式を見てください。

株価　＝　現在の純資産　＋　将来の純資産の増加分（期待値）
①　　　　　　　　　　　②

　このように，将来の純資産が増加すると期待されている場合，②がプラスとなり株価は現在の純資産①より高くなります（プレミアム）。逆に，将来の純資産が減少すると期待されている場合は②がマイナスとなり，株価は①を下回ります（ディスカウント）。②の計算方法については第4部で説明しますが，上記の式によると，純資産額が大きい企業の方が株価は高いということになります。

　これは一般的に正しいと言えますが，株価は1株当たりの価格なので，純資産も1株当たりの数値で考える必要があります。「1株当たりの純資産」は，純資産額を発行済み株数で割って求められます。ということは，仮に純資産額が全く同じ2社がある場合，発行済み株数が多い方が1株当たりの純資産は小

さくなります。したがって，純資産を根拠とする株価も低くなるのです。

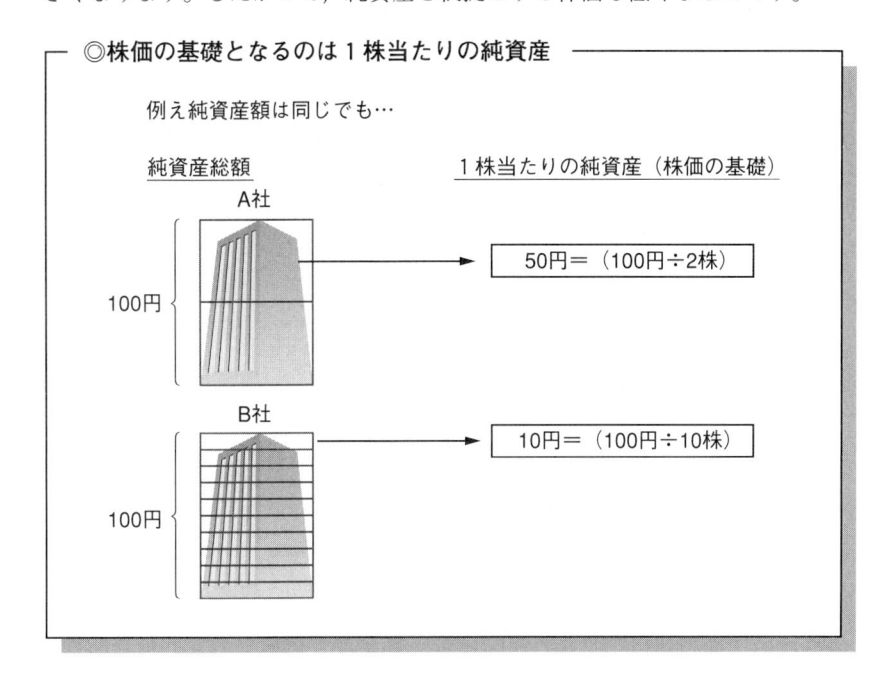

◎株価の基礎となるのは1株当たりの純資産

例え純資産額は同じでも…

純資産総額　　　　1株当たりの純資産（株価の基礎）

A社　100円 → 50円＝（100円÷2株）

B社　100円 → 10円＝（100円÷10株）

2003年10月31日現在

	トヨタ ①	ホンダ ②	レシオ (①/②)
株　価	3,310 円	4,340 円	0.76
売上高	16,054,290 百万円	7,971,499 百万円	2.01
当期純利益	944,671 百万円	426,662 百万円	2.21
総資産	20,742,386 百万円	7,681,291 百万円	2.70
株主資本（純資産）	7,460,267 百万円	2,629,720 百万円	2.84
発行済株数	3,452 百万株	955 百万株	3.61
1株株主資本	2,226.34 円	2,734.69 円	0.81
1株配当	36 円	32 円	1.13
1株当期純利益	272.75 円	439.43 円	0.62

（出所）　MSNマネー：株価，発行済株数
　　　　　有価証券報告書：その他の数値

上記の表を見てください。トヨタとホンダの純資産は，2003年3月末の時点でそれぞれ7兆4,603億円，2兆6,297億円ですが，発行済み株数はトヨタが3,452百万株，ホンダが955百万株で約4倍の数値です。その結果，1株当たりの純資産は，トヨタが2,226.34円，ホンダが2,734.69円とかなり近い数字になります。

つまり，株価の基礎となる純資産は1株当たりの純資産で，実際の総額だけでなく，発行済み株数によって決まるのです。これが，会社の規模は小さくても株価は大きくなる原因の1つです。

2003年10月31日の時点での株価は，トヨタが3,310円，ホンダが4,340円となっていますので，共に純資産に対しプレミアム付きで取引されていることが分かります。

ポイント
⇒企業の株主価値は，現在の純資産に将来の期待増加分の現在価値を足した金額に等しく，これが株価の基礎となる。
⇒株価は1株当たりの金額で表示され，純資産が同額なら，発行済み株数が少ないほど1株当たりの純資産は大きくなり，それを基礎とする株価も高くなる傾向にある。

3. 時価総額って？

企業の株主価値評価モデルについて触れる前に，実際の株価やそれに関する情報に慣れ親しむために，各種株式情報を見てみましょう。公開株の株価に関する情報はYahoo！ファイナンスやMSNマネーなどのウェブサイトを通して無料で入手できますので，大いに利用しましょう。以下は，MSNマネーの株価欄を抜粋したものです。

第9章 株に投資するって？ *141*

| ホーム | メール | サーチ | ニュース | ショッピング | マネー | コミュニティ | **サインイン** |

msn マネー

| ホーム | 投資と運用 | 貯蓄・銀行 | 節約・お得 | 保険 | ローン | マネープラン |

| 投資と運用 | ポートフォリオ | 市況/為替 | **株価** | 投信 | ニュース | コラム | 入門 | オンライン取引 |

はじめに

銘柄情報
基本情報
株式属性
チャート
銘柄ニュース
銘柄レポート

企業情報
企業情報
アナリスト予想
レーティング
財務情報

銘柄の研究
銘柄研究

銘柄の検索
こだわり検索
株価ボード

銘柄またはファンド：[7203] [検索] コードの検索 ポートフォリオに追

データは、20分遅れ、またはそれより古いことがあります。
最終取引時刻：2003/10/31

トヨタ自動車			
取引値	3,130	始値	3,240
前日比	−70	前日終値	3,200
前日比（％）	−2.19%	買い気配	—
出来高	6,514,100	売り気配	—
高値	3,240	年初来高値	3,920
安値	3,130	年初来安値	2,455
			チャート
基本情報			
株価収益率	13.60	時価総額	10,803,561百万
1株あたり利益	272.75	発行済株式数	3,452百万
1株配当	36.00	市場	東京
配当利回り	1.12		

金額の単位：日本円

[オンライン取引]

銘柄ニュース

03/10/29 Reuters 今日の株価格付け一覧＝みずほイ...
03/10/24 Reuters トヨタ、9月国内自動車生産は前年...
03/10/21 Reuters 日米の労働コスト比較すると、1ド...

家族のインターネット MSN プレミアムウェブサービス
| ホーム | メール | サーチ | ニュース | ショッピング | マネー | コミュニティ |
(C) 2004 Microsoft Corporation. All rights reserved. 使用条件 プライバシー

まず，トヨタ自動車の当日の株価は，「取引値」として3,130円と表示されています。言うまでもなく，これは1株当たりの値段です。また前日の「終値」と比較して70円安，パーセンテージにして2.19％下がっています。この日の「出来高」，つまり売りに出された株と買いに出された株の総数は6,514,100株でした。「初値」，「高値」，「安値」は読んで字のごとくです。

またこの中に「時価総額」とありますが，これは株価に発行済み株式数を掛け合わせた数字で，企業の市場での価値の総額を表しています。簡単に言えば，今の時点で企業を100％買収するために必要な金額と言えます。トヨタの場合は，発行済み株式数が3,452百万株なので，時価総額は10,803,561百万円となり，つまり10兆円を超えていることが分かります。

また，トヨタは1株当たり36円の配当金を出していますので，配当利回りは1.12％となります。これらの数字は全て，企業価値を計算する際に重要になりますので，しっかり意味を理解するようにしてください。

第2部で見たように，企業全体の価値を考える場合は，純資産や資本剰余金の総額に注目しますが，株式投資のための企業評価においては，1株当たりの値段や利益，そして純資産を見ていきます。これは，リターンを計算する場合，1株ごとの数字が分かれば，持ち株数を掛け合わせることでトータルのリターンを計算することができるためです。

では，次に財務諸表の数字を使った株式評価方法のうち，最も代表的なものを3つ紹介しましょう。

ポイント

⇒株価は1株当たりの値段で表現され，日々変動していく。

⇒企業の市場での価値の総額を表す「時価総額」は，株価に発行済み株式数を掛け合わせて求められる。

4. 株式評価モデル―割引配当モデル（Dividend Discount Model, DDM）

株価の水準を評価するためのモデル（計算式）はいくつかありますが，まずファイナンス理論に基づいた「割引配当モデル（Dividend Discount Model-DDM）」について説明します。

割引配当モデル（DDM）は，投資家の立場に立って株式を評価する手法で，投資家にとっての確実なリターン，つまり配当金を基に株価を計算する方法です。簡単に言えば，将来の全ての配当金の額を予測し，それらを現在価値に換算したものがその企業の投資価値に等しいという考え方です。計算式は以下のとおりです。

$$\text{企業の株主価値} = \frac{\text{期待配当金}_t}{1+r} + \frac{\text{期待配当金}_{t+1}}{(1+r)^2} + \frac{\text{期待配当金}_{t+2}}{(1+r)^3} + \cdots\cdots \text{DDM}$$

「r」は割引率，「t」や「t+1」は現在，1年後のように時間を表します。「期待配当金t+1」は来年の期待配当金を意味します。では値上り益はどうなるのという疑問が出てきますが，DDMのポイントは，将来の全ての配当金を基にしているというところです。つまり，現在配当を支払わずに利益の全てを内部留保している企業も，ず〜っと先の将来まで考えるといずれは配当を支払うことになると仮定できます。

その理由は以下のとおりです。通常，企業（特に成長過程にある企業）は，投資の資金に充てる目的で利益を内部留保します。しかし，どんなに将来性のある企業でも永遠に成長し続けることは不可能なので，いずれかの時点で有益な投資機会が減り，それ以上内部留保する必要性がなくなり，結果として株主に配当を支払うことになります。最近の例では，アメリカのマイクロソフト社が従来の無配方針を転換し，2003年から配当の支払いを開始しました[36]。

または何かの理由で将来業績不振に陥り，挙句に倒産して「清算配当（Terminal Dividends）」を払うというケースも考えられます。つまり，今支払わずに内部留保した利益も，いずれは配当として株主に還元されるというのがDDMの根底にある考え方です。

では実際にDDMを使って株価を計算してみましょう。例えば，A社が毎年1株当たり30円の配当を出し，割引率は12%と仮定します。この30円の配当は永遠に続くと仮定して，その現在価値をDDMの計算式を使って計算すると以下のようになります。

$$A社株主価値 = \frac{30}{1.12} + \frac{30}{(1.12)^2} + \frac{30}{(1.12)^3} + \cdots\cdots$$

数学的な説明は省きますが，上記の計算式は $30 \div (0.12)$ と同じなので，これを解くと250円となります。このように，同じ数字（分子）が永遠に続き，同じ割引率（分母）で割引を続けることを「永久年金（Perpetuity）」と呼び，以下の方程式で計算できます。

$$永久年金の現在価値 = \frac{期待配当金}{r}$$

永久年金の計算式は，通常の現在価値の計算式に似ていますが，分母が割引率そのもので1を足さないので注意してください。

では，配当金が一定の割合で毎年増えていくと期待されている場合，その現在価値はどうやって計算すれば良いでしょうか。これは，永久成長年金，もしくは一定成長割引配当モデルと呼ばれ，以下の方程式で計算できます。

---

[36] 米国内の税法が変わり配当の方が株主にとって有利になったという背景もありますが，何より余剰資金を配当に回すようにという株主からの圧力が影響していることは間違いありません。

$$\text{永久成長年金の現在価値} = \frac{\text{期待配当金}}{r-g}$$

　この「g」が配当金の年間成長率で，割引率（r）から成長率（g）を差し引いたものが分母となります。また，この方程式が成り立つためには，「r」は「g」よりも大きい数値でなければなりません。例えば，来期の期待配当金が30円で，その後も年間8％成長し続けると仮定される場合，その現在価値は750円（＝30÷[0.12－0.08]）となります。

　このように，DDMは投資家にとってのリターンである配当金を基に計算されるため，理論的裏付けはしっかりしています。しかし，実際に株主価値を計算するとなると，将来に期待される配当金の額を全て予測する必要があるため，あまり現実的ではありません。しかも，短期的には配当金を出さない企業の場合は株主価値がゼロになる等，実用性の点で問題があります。第4部で紹介する「残余利益モデル」を使えば，これらのDDMの弱点を克服できます。

◎投資機会

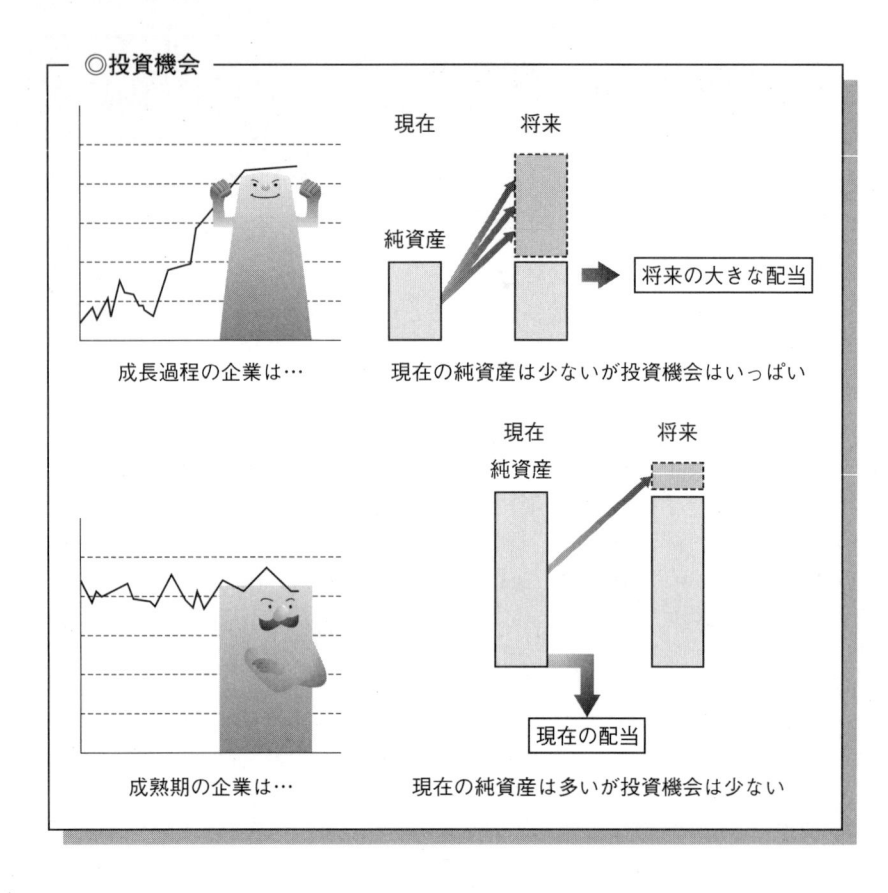

成長過程の企業は…

現在の純資産は少ないが投資機会はいっぱい → 将来の大きな配当

成熟期の企業は…

現在の純資産は多いが投資機会は少ない → 現在の配当

ポイント

⇒ 割引配当モデルは，予想される配当を割引率で割ることで現在価値を計算する。

⇒ DDM の基礎となる計算式は以下のとおり。

$$\text{企業の株主価値} = \frac{\text{期待配当金}_t}{1+r} + \frac{\text{期待配当金}_{t+1}}{(1+r)^2} + \frac{\text{期待配当金}_{t+2}}{(1+r)^3} + \cdots \text{DDM}$$

$$\text{永久年金の現在価値} = \frac{\text{期待配当金}}{r}$$

$$\text{永久成長年金の現在価値} = \frac{\text{期待配当金}}{r-g}$$

5. 株式評価モデル——株価収益率（Price Earning Ratio, PER）

株価の水準を評価する指標として最も広く使用されているのが株価収益率（PER）です。一般には英語名の頭文字を取って PER「ピーイーアール」，もしくは PE レシオと呼ばれています。以下 PER とします。

PER の計算方法はいたって簡単で，現在の株価を1株当たりの純利益で割って求められます。ただし，株価は常に将来の業績を基にしていますので，当期純利益は次期の予想を使用するのが普通です。上場企業に関しては，Yahoo! ファイナンスの「リサーチ」，MSN マネーなら「企業情報」を見ると，「1株当たり利益（EPS）予想」が出ています。

さて，PER の数値は何を意味するかと言えば，現在の株価が1株当たりの

純利益の何倍で取引されているかを表しています。2003年9月末の時点でのトヨタのPERは14.4倍，ホンダは9.7倍なので，トヨタの方が倍率が高いようです。これは1株当たりの利益に対し，トヨタの方が高く評価されているということで，市場ではトヨタの成長に対する期待感の方が高いことを示唆しています。

◎PER，PBR（東証1部）

(単位：倍，円)

年月末	PER	PBR	1株利益	1株純資産
1998	103.1	1.2	5.2	450.1
1999	—	1.6	△3.7	435.7
2000	170.8	1.2	3.1	422.6
2001	240.9	1.0	1.8	412.5
2002	—	0.9	△7.9	355.4
2002（4月）	697.9	1.1	0.6	398.0

（注）1株利益の平均がマイナスの場合は，PERは算出しない。
出所：東証要覧2002年

　ちなみに，東証第1部企業のPERの平均は1998年の103.1倍から，2002年4月には697.9倍にまで増えています[37]。この数値だけ見ると，またバブルが再発してきたかのように見えます。しかしよく見ると，1株当たりの利益が1998年の5.2円から2002年4月には0.6円まで約10分の1にまで下がっていることが分かります。ということは，株価が高すぎるというよりは，計算式の分母である利益が低くなりすぎたのが原因のようです。その証拠に，東証株価指数（TOPIX）は1998年が1,086.99，2002年4月は1,082.06とほとんど変わっていません。

　割引配当モデル（DDM）と違い，PERには特に理論的裏付けはありません。非常に大雑把に考えると，PERは投資したお金（株価）を回収するのに何年

---

[37] 「東証要覧2003年版」参照。

かかるかを示していると言えます。株式投資においては，純利益が投資のリターンと考えられるため，例えばPERが10倍の銘柄に投資した場合，投資資金を回収するのに10年かかると計算されます。ただし，PERは来期の純利益予想という1つの数値を基にしているに過ぎないため，将来の成長性やお金の時間価値などは一切考慮されていません。したがって，上記のような解釈をする場合も注意が必要です。

このように，PERの数字そのものにはあまり意味がないので，自社の過去の平均値と最新の数値を時系列で比較したり，同一産業の平均値と比較するなどして割高，割安の判断の目安とするのが普通です。例えば，前述したように，トヨタとホンダを比較するとホンダの方が割安感があると言えます。また，自動車業界のPERの平均値は20.5倍なので，両者とも同業他社と比較すると割安のようです。時系列で比較すると，トヨタの10年前（1994年）の平均PERは55.5倍なので，10年以内にずいぶん割安になってきているようです。

PERは，企業の割引率が低い（高い）ほど高く（低く）なる傾向にあることを覚えておいてください。数学的に表現すると，割引率とPERは逆関数の関係にあると言います。これは，株式のリスクが低いほど割引率は低くなるため，将来の期待利益が同じ100円でも現在価値は高くなることを意味しています。ですから，2つの会社の財務体質が全く同じなら，リスクが低い会社の方がPERは高くなりますので，リスク判断の材料としても使えます。

このように，PERは過去の平均値や産業別平均値と比較することで，ある程度割安か割高かを判断する目安となります。しかし，割安，割高を判断するだけでは不十分で，割安ならなぜそうなのかについて調査する必要があります。例えば今後の予想成長率が他社を下回っているのか，同一産業内で競争が激化することが予想されているのか，といった要素を分析することで，今後の株主価値がどのように変化していくかを知る鍵となります。

> **ポイント**
> ⇒公式：PER＝（現在の株価）÷（来期の1株当たりの純利益予想）
> ⇒PERは自社の過去の平均値や，他社の数値と比較して割安かどうか判断する目安となる。

6. 株式評価モデル―株価純資産倍率（Price to Book Ratio, PBR）

　PERはP/L上の利益を基に計算されるのに対し，株価純資産倍率（PBR）はB/S上の純資産を基に計算されます。計算方法はいたって簡単で，現在の株価を1株当たりの純資産で割ると求められます。1株当たりの純資産は，純資産額を発行済み株数で割ったものです。

　PBRは，現時点での会社の価値（純資産）に対し，株式が何倍の水準で取引されているかを示しています。この章の第2節で紹介した以下の式を思い出してください。この式の②が，純資産に対してのプレミアム，もしくはディスカウントを表していることが分かります。PERと異なり，PBRには株価の水準との関連性があると言えます。

株価　＝　現在の純資産　＋　将来の純資産の増加分（期待値）
①　　　　　　　　②

　PBRが2倍であれば，その株は純資産に対し100％のプレミアム付きで取引されていることを意味します。つまり，投資家はこの企業は今後も経済的価値を生み出し，その結果純資産が倍増すると見ていることを示しています。

　逆にPBRが1以下の場合は，現時点での株価が1株当たりの純資産を下

回っている（ディスカウント）ということで，今後（存続するとすれば）株主価値が減少していくと判断していることを意味しています。企業の価値が減るということは純資産が減るということなので，PBR は 1 以下になります。PBR が 1 以下の企業は要注意です。

　もちろん，純資産は財務諸表を基に計算されますので，財務諸表に現れない含み益や含み損，または隠れた負債等がある場合は，PBR は 1 以下になる可能性があります。この場合は，将来の価値が減少することを予想されている場合もありますが，もともとの純資産が少し多めに評価されていることが原因として考えられます。

　いずれにしろ，PER の場合と同じく，PBR も割安か割高かの判断をする 1 つの目安になりますが，やはりなぜ割安（割高）なのか，その原因を追求することが最も重要と言えます。

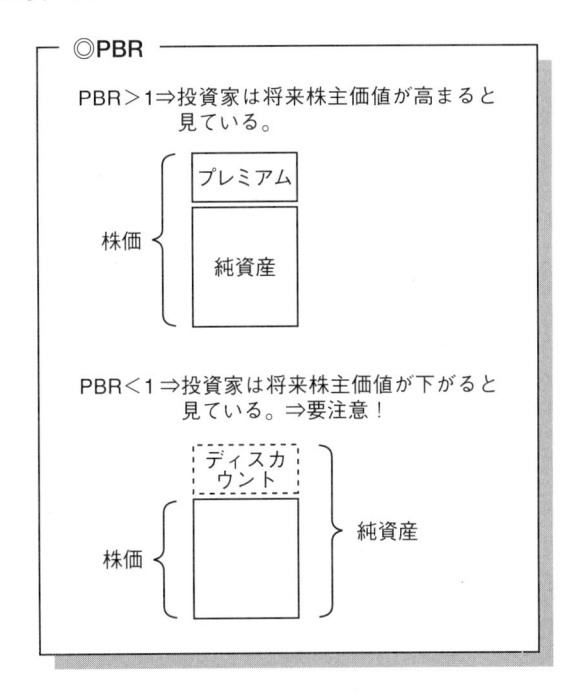

◎PBR

PBR＞1 ⇒ 投資家は将来株主価値が高まると見ている。

株価 { プレミアム / 純資産 }

PBR＜1 ⇒ 投資家は将来株主価値が下がると見ている。⇒ 要注意！

株価 { ディスカウント / 純資産 }

ポイント

⇒公式：PBR＝（現在の株価）÷（1株当たりの純資産）
⇒PBRが1以下の場合は，純資産より株価が低いことを示しており，市場は将来に対する不安を表しているので要注意。

第 4 部

割安株の見分け方

―財務諸表を使った
企業価値の評価法―

本部では，いよいよ本題の「残余利益モデル（Residual Income Model, RIM）」について説明していきます。前章で学んだPERやPBRは，過去の平均値や他社の数値と比較することで割安，割高の判断はできても，企業の適正株価水準を算出するのにはあまり役に立ちません。一方，DDMは理論的裏付けはしっかりしているものの，現在配当を出していない企業には適用できないなど，実用性に問題があります。

　これに対し残余利益モデルは，現在の純資産と将来の利益予想を基に，株主にとっての企業価値，いわゆる「理論株価（内在的企業価値）」を計算することが可能です。また，財務諸表上の数字を使用するため，DDMのように将来の配当金を予測する必要もありません。

　残余利益モデルの基礎となる考え方は1930年代に提唱されたものですが，過去10年ほどの間にアメリカの会計学者の間で見直され，さらに研究が進んだ結果，1つの企業評価モデルとして確立されました。最近では，コンサルタントや投資家たちの間でも広く利用され，その実用性が証明されています。スターン・スチュワート社のEVA®が有名ですが，基本的には残余利益モデルと同じ考え方と言えます。

　同モデルの根底にあるのは，会計上の利益からさらに資本コストを差し引いた，いわゆる「残余利益」です。ここでの資本コストは，同額の資本を他に投資した場合に得られる利益，つまり資本の機会コストを指しています。つまり，お金を投資したら見かけ（会計）上の利益を上げるだけでは不十分で，資本の機会コストを差し引いても余りある利益（残余利益）を上げることが期待されているというわけです。

　そして，残余利益を稼ぐことによって初めて企業価値は高まるため，企業の投資価値は現在の資本を使って将来どのくらい残余利益を稼げるかという期待感によって決まるという考え方です。

　同モデルが優れているのは，財務諸表上の数字，特に純資産と当期利益を使って企業の株主価値を算出できることです。もちろん，将来の利益を予測する必要はありますが，企業や証券アナリストが発表する業績予想を代用することでまかなえます。

　ただし，残余利益モデルも完璧ではありません。同モデルはいつくかの限定的な仮定の下に成り立っており，実際の企業に当てはまらないケースもあります。

　また，計算式に必要な数値のうち，企業リスクを反映する割引率など正確に計測できないものがあるため，そこから求められる理論株価も100%正確なものとは言えません。

　ですから，残余利益モデルを活用する際は，その限界も十分に理解した上で投資判断をすることが望ましいと言えます。また，基礎が分かったら自分なりにいろいろと工夫し，モデルそのものに改善を加えてみることも必要です。

第10章 残余利益モデル

1. 残余利益って何？

　実際の残余利益モデルを見る前に，その基礎となる「残余利益」について説明しましょう。これは，純利益からさらに資本の機会コストを差し引いて求められますが，「収益から全てのコストを引いて残った利益」という意味で残余利益と呼ばれます。第8章で説明したように，資本の機会コストは，資本，つまりお金を別の対象に投資したと仮定して，その場合に稼いでいたはずの利益を指します。

　投資された資本は"ただ"ではなく，投資家にとっては機会コストが発生します。したがって，企業が株主にとっての投資価値（株主価値）を高めるためには，会計上の費用だけでなく資本コストを差し引いても余りある利益を上げる必要があるという考え方です。

　ごく簡単な例を使って説明しましょう。例えば，現金100万円を銀行に預金し，毎年1％の利子が付くとします。この投資はリスクが全くないので，割引率は利子率と同じ1％となります。この100万円の投資価値は，毎年のリターンから資本コストを引いた残余利益は常にゼロなので，いつまでたっても100万円のままです。

　では仮に，毎年2％のリターンがあると仮定するとどうでしょうか。この場合，毎年1％相当の残余利益を上げていますので，それらを現在価値に換算し

た金額分，投資価値は増えることになります。もちろん，リターンが1％以下なら残余利益はマイナスなので，投資価値は100万円以下になります。

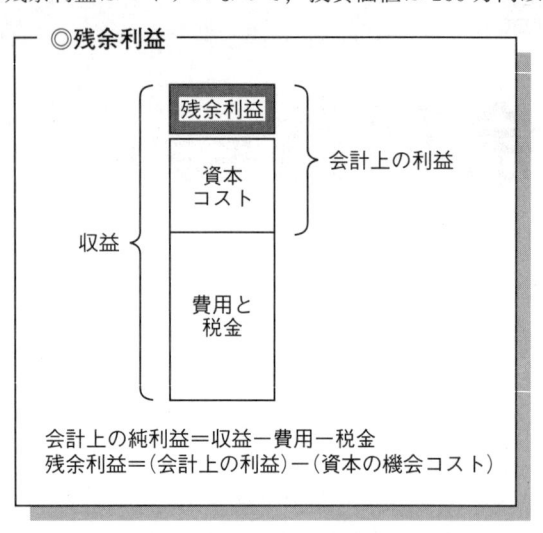

◎残余利益

```
            ┌ 残余利益 ┐
            │          │
収益  ─┤    資本      ├ 会計上の利益
            │    コスト    │
            └          ┘
            ┌              
            │    費用と    
            │    税金      
            └              
```

会計上の純利益＝収益－費用－税金
残余利益＝（会計上の利益）－（資本の機会コスト）

◎残余利益と投資価値

ケース1）リターン率＝1％，資本コスト＝1％

	現在	1年後	2年後
①元本＋リターン	100	101	102.01
②実質リターン		1	2.01
③資本コスト※a		1	2.01
④残余利益（②－③）		0	0
⑤投資価値※b	100		

※a 資本コスト＝前期末残高×割引率（10%）
※b 投資価値＝元本＋（残余利益の現在価値）＝100＋0

ケース2）リターン率＝2％，資本コスト＝1％

	現在	1年後	2年後
①元本＋リターン	100	102	104.04
②実質リターン		2	4.04
③資本コスト※		1	2.01
④残余利益（②－③）		1	2.03
⑤投資価値※c	＞100		

※c 投資価値＝100＋（1÷1.01）＋（2.03÷1.01^2）＋ …

では，株式投資における資本の機会コストとはどのようにして求めれば良いでしょうか。株式投資の資本コストは，株主が企業に投資したお金の全て，つまり資本金とこれまでに稼いだ利益に対する機会コストなので，株主資本（純資産）に割引率を掛け合わせて求められます。例えば，純資産が100億円，割引率が5％の場合，資本コストは5億円（＝100億×5％）となります。つまり，同企業が株主にとっての投資価値を高めるためには，毎年最低5億円の純利益を上げる必要があるということを意味しています。

計算式①

残余利益＝（会計上の利益）－（資本の機会コスト）
　　　　＝（当期純利益）－（期首純資産×割引率）

資本の機会コストは，何もしなくても普通に稼げる利益という意味で「普通利益（ノーマル・プロフィット）」，残余利益は普通以上の利益なので「アブノーマル・プロフィット」とも呼ばれます。経済学の世界では，残余利益を経済的利益（Economic Profit）と呼びますが，基本的に同じ概念です。

また，近年はコンサルティング会社のスターン・スチュワート社が，Economic Value Added（EVA）®として一般に広めました。

ポイント

⇒残余利益は，実質リターンから資本の機会コストを引いたもの。
⇒残余利益モデルによると，企業の株主価値を増やすためには残余利益を稼ぐ必要がある。

2. 残余利益モデル

　残余利益モデルを使った株主価値の計算方法を見ていくことにしましょう。前節で，投資価値は，元本に残余利益の現在価値を足し合わせたものと定義しました。もちろん，この場合の残余利益は将来の残余利益なので，厳密には期待残余利益を指しています。企業の場合も一般の投資対象と同じく，現在の純資産（元本）に将来の期待残余利益を現在価値に換算して足し合わせた金額が投資価値，つまり株主価値となります。実際の式で表してみましょう。

計算式②
企業の投資価値$_t$＝現在の純資産$_t$＋期待残余利益$_{t+1}$
　　　　　　　＋期待残余利益$_{t+2}$＋…

　各期の期待残余利益は全て現在価値に換算された数値で，最後の「…」は，ずっと将来の期待残余利益も足していくことを示しています。この式に実際の数値を代入すると，企業の投資価値が求められるという仕組みです。「ずっと将来」とはどれくらい？　という疑問が出てきますが，突き詰めると，企業が存在しなくなるまで，つまり倒産するか，他社と吸収合併するまでということになります。しかし，現実にはこういった時期を予測するのは不可能なので，半永久的な将来と考えて差し支えありません。

　では，各期の期待残余利益はどうやって計算すれば良いでしょうか。残余利益は，普通の利益，つまり当期純利益から資本コストを引いた数値なので（計算式①），期待純利益から資本コストを引けば良いのです。期待純利益は，企業が定期的に発表する業績予測や，証券アナリストの予想などを使用します（詳しくは次節参照）。これを一般式で表すと以下のようになります。

> **計算式③**
> 期待残余利益$_{t+1}$ =（期待純利益$_{t+1}$）−（純資産$_t$×割引率）

　純利益を含む企業の業績予想は通常2期先までしか発表されないため、計算式②の「…」の部分、3期目以降ずっと将来の期待値を入手するのは困難です（もちろん自分で予想することは可能です）。そのため、暫定的に「3期目以降は2期目の残余利益をずっと稼ぎ続ける」と仮定し、その現在価値を求めて「…」に代入することにします。この場合、「…」は第2期目の残余利益の永久年金と等しくなるので、以下の計算式を用いて計算できます。

> **計算式④**
> 3期目以降の期待残余利益の総和＝（2期目の残余利益）÷（割引率）

　これは、3期目の時点での現在価値なので、これをさらに現在の現在価値に割り引かなければなりません。また、計算しうる最後の数値という意味で、④で求められた数値を「ターミナル値」と呼びます。このターミナル値の計算方法はいくつかバリエーションがありますので、これらについては後述します。計算式②に③と④を代入すると、残余利益モデルのできあがりです。

> **計算式⑤**
> $$株主価値_t = 純資産_t + \frac{期待純利益_{t+1} − 純資産_t × r}{1+r}$$
> $$+ \frac{期待純利益_{t+2} − 純資産_{t+1} × r}{(1+r)^2} + \frac{期待残余利益_{t+2}/r}{(1+r)^3}$$

　言うまでもなく、「r」は割引率で企業特有の数値を使用します。

ポイント

⇒ 企業の株主価値は，現在の純資産に将来の期待残余利益全ての現在価値を足し合わせた金額で，「理論株価」と呼ぶ。

3. 実際の企業の株主価値を計算してみよう！

では，先の計算式⑤を使って実際の企業の株主価値を計算してみましょう。企業の株主価値は，「理論株価」や「内在的価値（Intrinsic Value）」とも呼ばれます。

計算に必要な数値は，①現在の純資産，②将来の期待純利益，③将来の期待純資産，④割引率です。①は有報などから抜粋し，②は証券アナリスト等の業績予想を使用します。アナリストの業績予想はYahoo!ファイナンスやMSNマネー等のサイト，もしくは「会社四季報」，「日経会社情報」にも掲載されていますので，比較的簡単に入手できます。

アナリストの予想以外に，企業が発表する業績予想もあり，こちらは新聞や東証のサイトなどで入手できます。また，東洋経済新報社出版の「四季報」に掲載されている業績予想は，企業発表の数値に同社の判断を加えて修正された数値です。これらのソースのうちどれを使用するかは難しいところですが，できるだけ予想者の主観が入っていない数値を使用することが重要です。その意味では，多数のアナリストの予想値の平均値をとったものは，比較的バイアスが少ないと言えるでしょう。

Yahoo!ファイナンスやMSNマネー等のサイトでは，1株当たりの利益予想の平均値（「コンセンサス」），最大・最小値，過去から現在までの推移など，細かい情報が掲載されています（Multex Global Estimates社提供）。ここでは

第 10 章 残余利益モデル **161**

コンセンサスのみを使用します[38]。

　将来の純資産③は，第 2 部で学んだ式（期末純資産＝期首純資産＋当期純利益－配当金）に各数値を代入すれば計算できます。来期以降の純利益は②の数字を使えば OK ですが，来期以降の配当金は自分で予想する必要があります。配当金の支払額に関する方針は企業によってまちまちなので，予測は難しいですが，とりあえず今期と同じ金額と仮定して計算してみましょう。もちろん，過去の配当性向や予想成長率を使ってもう少し正確に予想することも可能です。

　では，トヨタの理論株価を計算してみましょう。同社の直近の 1 株当たり純資産は 2003 年 3 月時点の 2,226.24 円です（有報）。2004 年度，2005 年度の 1 株当たり期待純利益はそれぞれ 233.4 円，248.6 円，また 1 株当たりの配当金は 36 円となっています（MSN マネー）。

　あとは必要リターン率（r）ですが，第 8 章の CAPM を思い出してください。リスクの度合いに応じた必要リターン率は，無リスク利子率に［株式プレミアム×ベータ値］を足して求められます。無リスク利子率は，通常長期国債の利率を使用しますので，2003 年 9 月時点では 1.6% です。株式リスクプレミアムについてはいろいろと意見が分かれるところですが，大体 3〜6% の範囲に収まっているようですので，とりあえず最大値の 6% とします[39]。ベータ値は，MSN マネーの株式サイトに掲載されており，トヨタの場合は 0.6 となっています。これらの数値を計算式に導入すると，トヨタの必要リターン率は 5.2% となります。以上の数値を，前節⑤の計算式に導入すると…。

---

[38] 最大と最小値がどのくらい離れているかは予想の難易度を示す指標の 1 つとして重要です。数値が離れるほど予想は難しく，コンセンサスにも影響を及ぼしますので注意しましょう。

[39] 残余利益モデルは，計算式の中に割引率が多く登場するので，これを何%にするかによって理論株価が大きく違ってきます。そのため，1 つの数値に固執するのではなく，例えば，株式リスクプレミアムの最高値と最低値を導入してそれぞれ計算し，理論株価も範囲（レンジ）で求めると良いでしょう。詳しくは次節で説明します。

◎残余利益の計算方法

トヨタの例

	2003年	2004年	2005年	2006年
期首純資産		2,226.24	2,423.64	
期待純利益		233.40	248.60	
配当金		36.00	36.00	
期末純資産	2,226.24	2,423.64	2,636.24	
資本コスト (5.2%)		115.76	126.03	
残余利益		117.64	122.57	122.57
残余利益現在値		111.83	110.75	2,024.57
理論株価	4,472.96			

期末純資産＝期首純資産＋期待純利益－配当金
資本コスト＝期首純資産×割引率
残余利益＝期待純利益－資本コスト
理論株価＝現時点での純資産＋残余利益現在値の総和

　トヨタの理論株価は4,472.96円と計算されます。これを実際の株価，3,310円（2003年10月31日現在）と比較すると，現在の株価は約26％割安となります（＝[3,310－4,472.96]÷4,472.96）。

ポイント

⇒ 将来の期待純利益は，四季報やウェブサイトなどに掲載されている予想値を使用する。

⇒ 将来の期待純資産は，前期期待純資産に同期期待純利益を足し，同期期待配当金を差し引いて求める。

4. 数社の理論株価を比較してみよう！

　残余利益モデルを使って自動車業界の大手3社，トヨタ自動車，本田技研工業，日産自動車の理論株価を計算してみましょう。計算機だけで理論株価を計算するのは大変なので，マイクロソフト社のエクセルなどの表計算ソフトを使用することをお勧めします。計算式については，巻末のサンプルを参照してください。

◎自動車業界3社の理論株価比較

1. MSNマネーのベータ値を使用した場合

社　名	理論株価①	実際株価②	差異③ ①－②	割安度 1－②÷①
トヨタ	4472.96	3130	1342.96	30.02%
ホンダ	8273.75	4340	3933.75	47.54%
日　産	1402.00	1232	170.00	12.12%

＊実際の株価は2003年10月31日現在

2. ベータ値が全社とも1と仮定した場合

社　名	理論株価①	実際株価②	差異③ ①－②	割安度 1－②÷①
トヨタ	3021.17	3130	－108.83	－3.60%
ホンダ	6204.37	4340	1864.37	30.05%
日　産	1402.00	1232	170.00	12.12%

　上の表を見ると，左の欄から各社の理論株価，実際の株価，そして理論株価と実際の株価の差額が記載されています。そして，右端の欄には，理論株価と株価の差額をパーセンテージで表した，いわゆる割安（割高）度を計算してみました。このように，ホンダの株価が大きく（約47％）割安になっているこ

とが分かります。

　理論株価は割引率によって大きく変わると説明しました。割引率を計算するのに必要な要素の中で，特にベータ値は計算に大きく影響を及ぼすので注意が必要です。前節で，ベータ値はMSNマネーのサイトから入手すると述べましたが，実は，今のところこのソース以外に無料で入手する手段がないのが1番の理由です。

　しかし，ここで入手できるベータ値が，必ずしも厳密に計算されたものであるという保証はないので，あなたの興味のある企業のベータ値が必要な場合，筆者までEメールにて請求してください（アドレス：**toshiaki.mitsudome@hunter.cuny.edu**，＊件名に「残余利益」と入れてください）。

　ベータ値が変わると理論株価も大きく変わることを見るために，前出3社のベータ値を全て1と仮定して計算し直してみましょう。今度は，トヨタは割安度がマイナス3.6％，つまり割高になってしまいました。ホンダは今回も約30％割安，日産はベータ値は1なので同じとなります。つまり，ベータ値1つを変えるだけで理論株価はこれほど変動するものなのです。各数値を代入する際，それだけ気をつける必要があるということになります。

　残余利益モデルで求められた理論株価と現在の株価を比較する指標として，PVR（Price to Value Ratio）を計算してみましょう。PVRは分母が理論株価なので，実際の株価が理論株価より低い（割安）場合は1以下に，逆に高い（割高）場合は1以上になりますので，PVRが低ければ低いほど割安感が大きいことになります。

◎PER, PBR, PVR

社　名	PER	PBR	PVR＊
トヨタ	14.01	1.41	0.70
ホンダ	8.82	1.59	0.52
日　産	10.55	2.84	0.88

＊PVR＝株価÷RIM理論株価

　トヨタ，ホンダ，日産のPER，PBR，PVRをそれぞれ計算し，表にしてみま

した。もちろん，これらの比率を比較しただけで投資判断をするのは危険ですが，少なくともホンダの株価は実力に比較して低めに評価されている可能性があるようです。

しかし繰り返しになりますが，計算に必要な数値のうち，特に無リスク利子率，市場リターン，ベータ値は計算方法によって数値が異なる可能性があります。1つのソースだけでなく，複数のウェブサイトや本，アナリストの意見等を照らし合わせて，適正な値を自分なりに見つける工夫をしてください。

◎エクセルを使った理論株価の計算方法

会社名　　　　　トヨタ自動車
コード　　　　　7203

（情報源と計算式）

現在純資産	2226.34	有報
無リスク利子率	0.016	
株式リスクプレミアム	0.076	
ベータ値	0.600	MSN マネー
割引率	0.052	＝B6＋(B7−B6)＊B8
期待純利益（t+1）	223.40	MSN マネー
期待純利益（t+2）	248.60	MSN マネー
期待配当（t+1）	36.00	MSN マネー

残余利益（t+1）	107.63	＝B10−B5＊B9
残余利益（t+2）	123.09	＝B11−(B5＋B10−B12)＊B9
残余利益（t+3以降）	123.09	＝B15

| 理論株価 | 4472.96 | ＝B5＋B14/(1＋B9)＋B15/(1＋B9)^2＋B16/B9/(1＋B9)^3 |

ポイント

⇒理論株価はレンジで計算する。
⇒PVR＝現在の株価÷理論株価で，数値が小さいほど割安となる。

5．残余利益モデルの限界と改善点

　これまで見てきたように，残余利益モデルを使うと理論株価の水準が計算できることが分かりました。しかし，繰り返しになりますが，これまで使用してきたモデル（計算式⑤）はいくつかの限定的な仮定条件の基に成り立っています。例えば，来期の純資産は，常に今期純資産に純利益を足し，配当金を差し引いて求められるという，「クリーン・サープラス・リレーション（CSR）」や，第3期以降の期待残余利益は第2期と同じものがずっと続くという，ターミナル値に関する仮定条件などがこれにあたります。

　これらの仮定条件は，必ずしも実際の企業に当てはまるものではありません。また，株式分割や増資などが発生すると，発行済み株数や純資産総額などが変わりますので，計算式の中の数値も調整しなければなりません。

　これらの前提条件は，計算式を導く上で不可欠ですし，また実際の計算を簡略にするために必要なものです。しかし，前提条件が1つでも当てはまらなくなるとモデルそのものが不安定となり，最悪のケースでは全く役に立たなくなります。

　そのため，仮定条件をしっかり理解し，モデルの限界を知ることは重要です。また，最近ではこれらの仮定条件を緩めた状況下でも理論株価が計算ができるように，さまざまな修正モデルが開発されています。例えば，第3期以降も収益や費用を予想し，さらに配当金の額も予想することにより，10期先の残余

利益まで予想する手法も紹介されています（本書を理解したあなたなら，このような応用もできるはず？）。

または，CSRに関する仮定条件を緩めて，例えば役員賞与も予測し，次期の純資産を計算する際に差し引くことで，より正確な数値を求めることも可能でしょう。さらに，経済学の市場競争理論を使って，将来の残余利益は一定の率で減少し，何期後にゼロになる（普通利益に等しくなる）といった残余利益の性質をモデルに組み込んだものも紹介されています。

大事なのは，同モデルの基礎をしっかり理解した後は，自分なりにモデルを改良するように工夫してみることでしょう。次節では，これらの仮定条件をもう少し現実的にするための例をいくつか見てみましょう。

ポイント

残余利益モデル（計算式⑤）の仮定条件
① 期末純資産＝期首純資産＋純利益－配当金が成り立つ（クリーン・サープラス・リレーション，CSR）。
② ターミナル値は，第2期の期待残余利益の永久年金。
③ 必要リターン率はCAMPの式を使って計算できる。
④ 配当金は今期と同じ額が支払われる。
⑤ 株式分割や増資は発生しない。

6. ファイン・チューニング

　残余利益モデルをさらに洗練されたものにするために，前節で説明した仮定条件を緩め，より現実的な条件に近づけるように努力してみましょう。なかでも，②のターミナル値と④の配当金に関する条件に焦点を当ててみたいと思います。

　まずは，ターミナル値ですが，これまでは「第3期以降は第2期の残余利益と同じ額の利益が永久年金として継続する」と仮定しましたが，言うまでもなく，これはかなり短絡的な見方と言えます。例えば，成長過程にある企業の残余利益がずっと継続すると考えるのは楽観的過ぎますし，逆にリストラ中で利益がマイナスになっている企業が，今後もずっと損失を出し続けると仮定することも無理があります。

　そこで，まずターミナル値が発生する時期を6年目まで延ばし，残余利益の成長率が毎年少しずつ低下し，6年目はゼロ成長，つまり5年目と同じ数値になると仮定しましょう。先の仮定条件よりずっと現実的になったと思いませんか。市場競争の原理で，今期に成功している企業が，数年後には産業の平均値当たりまで落ちぶれる（?）のはよく見られる現象です。もちろん，6年という数値はあくまでも任意の数値で，企業や産業を取り巻く環境により異なってきます。

　配当はどうでしょうか。これまでは，今期の配当金が同額で継続すると仮定しましたが，配当金は経営者の判断で増減したり，また無配になることもありますので，この仮定条件は現実を反映しているとは言えません。しかし，超能力者でもない限り経営者の心を読むことは無理なので，有報に記載されている「配当政策」や，過去のパターンを研究するなどして予測するしか方法はありません。

　例としてトヨタの有報の「配当政策」（p 38）を見てみましょう。「配当金に

ついては，安定的な配当の継続を基本に，業績および配当性向等を総合的に勘案して決定している」とあります。これだけで来期以降の配当金を予想するのは困難ですが，少なくとも「安定的」という部分を見る限り，経営陣は減配に対して抵抗があり，純利益が上がっていく限りは少しずつでも増配していく方針のように見て取れます。

　また，過去の実際の配当金のパターンを見ると，毎年少しずつ増配していることが分かります[40]。過去5年間の年間伸び率は約12％となっています。配当金を純利益で割った「配当性向」は，1999年3月期の32.5％から今期の19.8％と毎年下がってきています。これを見る限り，今後5年間は過去と同じ伸び率（年率12％）で増配していくか，もしくは直近の会計年度の配当性向（19.8％）を維持する，と仮定することは合理的ではないかと思います。

　これらの新しい仮定条件を使って，再度トヨタの理論株価を計算してみましょう。MSエクセルで作成した表を見てください。これは，残余利益の成長率が年々低下し6年目以降は0％，ターミナル値は5年目の残余利益の永久年金，配当金は配当性向19.8％（2003年3月期と同じ）で維持する，と仮定して計算したものです。

---

[40] 有報「提出会社の最近5事業年度に係る主要な経営指標等の推移」（p 4）参照。

◎トヨタの理論株価

予想期間を6年目まで延ばし、残余利益の成長率が年々低下し、6年目以降は0％となると仮定した場合

残余利益成長率は6年目で0％、ターミナル値は5年目の残余利益の永久年金、配当性向は19.8％で維持

会社名	トヨタ自動車
コード	7203

期	0	1	2	3	4	5	6
無リスク利子率①	0.016						
市場リターン率②	0.076						
ベータ値③	0.600						
割引率（①+[②−①]×③）	0.052						
期首純資産		2226.34	2413.74	2613.12	2828.44	3054.54	3287.41
純利益		223.40	248.60	268.49	281.91	290.37	290.37
配当（純利益の19.8％）		36.00	49.22	53.16	55.82	57.49	57.49
期末純資産		2413.74	2613.12	2828.44	3054.54	3287.41	3520.29
残余利益		107.63	123.09	132.61	134.83	131.53	119.42
残余利益現在価値		102.31	111.22	113.90	110.09	102.08	1694.32
純利益成長率			11.28％	8.00％	5.00％	3.00％	0.00％
ROE		10.03％	10.30％	10.27％	9.97％	9.51％	8.83％
理論株価	4460.25						

◎各条件下でのトヨタの理論株価比較

残余利益の伸び率は毎年低下し、6年目にゼロになると仮定した場合

ターミナル値	5年目残余利益の永久年金	5年目残余利益の永久年金	7年目以降の残余利益は0	7年目以降は残余利益は0
配当金	配当性向19.8％	年率12％上昇	配当性向19.8％	年率12％上昇
理論株価	4460.25	4441.28	2854.04	2851.15

理論株価は4,460.25円となり，前節で計算した数字より10円ほど下がりましたが，あまり大きな変化はありません。また，配当金が毎年12％上昇すると仮定した場合，理論株価は4,441.28円となります。配当金は，純資産の額に比較するとあまり大きな数字ではないため，そこそこ金額が増減しても理論株価には大きな影響はないようです。

最後に，ターミナル値について考えてみましょう。これまでは，期間最後の残余利益を永久年金として計算してきましたが，翌期以降は残余利益がゼロになると仮定したらどうなるでしょうか。つまり，X期以降はROEが割引率と同じになると仮定するのと同じです。

経済学を勉強した方なら記憶されているかもしれませんが，競争が激しい市場（完全競争市場）では企業は普通の利益しか得られない，という理論があります。この普通の利益というのが資本の機会コストと等しいと考えると（ROE＝r），上記の仮定は理にかなっていると言えますね。

自動車産業は完全競争市場とは言えませんが，競争が激しいことは確かです。

試しに，この条件下でのトヨタの理論株価を計算してみましょう。ターミナル値が5年目の残余利益を単純に現在価値に割り引いた数値とすると，理論株価は2,854.04円となります（配当が年率12％上昇すると仮定した場合は2,851.15円）。

このように，ターミナル値に関する仮定条件が変わると理論株価は大きく変化することが分かります。したがって，割引率と同様に，残余利益がどのように増減し，どの時点でゼロになるか，またはターミナル値が永久年金なのかどうか，を決める際には細心の注意を払う必要があると覚えておいてください。

繰り返しになりすが，残余利益モデルを使用する際は，企業自身の戦略や企業を取り巻くさまざまな環境を分析し，それらをできるだけ正しく反映するようにモデルの仮定条件やパラメーター（数値）をファイン・チューニングすることが重要です。これが，企業価値評価はアート（芸術）とサイエンス（科学）をミックスしたものと言われる所以なのです。

トヨタ自動車株式会社　有価証券報告書（2003年3月期）

(2) 提出会社の最近5事業年度に係る主要な経営指標等の推移

回次		第95期	第96期	第97期	第98期	第99期
決算期		平成11年3月期	平成12年3月期	平成13年3月期	平成14年3月期	平成15年3月期
売上高	(百万円)	7,525,555	7,408,010	7,903,580	8,284,968	8,739,310
経常利益	(百万円)	578,035	541,824	621,760	768,920	892,676
当期純利益	(百万円)	267,235	329,268	333,516	470,239	634,059
資本金	(百万円)	397,020	397,020	397,049	397,049	397,049
発行済株式総数	(千株)	3,760,650	3,749,405	3,684,997	3,649,997	3,609,997
純資産額	(百万円)	4,923,220	5,498,108	5,666,247	5,662,158	5,703,321
総資産額	(百万円)	7,258,200	7,775,276	8,293,450	8,467,930	8,592,823
1株当たり純資産額	(円)	1,309.14	1,466.39	1,537.65	1,570.26	1,652.15
1株当たり配当額（うち1株当たり中間配当額）	(円)	23 (10)	24 (11)	25 (11)	28 (13)	36 (16)
1株当たり当期純利益	(円)	70.61	87.61	89.25	128.56	178.12
潜在株式調整後1株当たり当期純利益	(円)	—	—	—	128.56	178.12
自己資本比率	(%)	67.8	70.7	68.3	66.9	66.4
自己資本利益率	(%)	5.5	6.3	6.0	8.3	11.2
株価収益率	(倍)	48.6	61.3	48.7	28.39	14.79
配当性向	(%)	32.5	27.4	27.8	21.6	19.8
従業員数	(人)	64,998	65,290	66,005	66,820	65,551

(注)
1. 売上高は消費税等を含まない。
2. 希薄化効果を有する潜在株式が存在しない事業年度については、「潜在株式調整後1株当たり当期純利益」を記載していない。
3. 第96期より税効果会計を適用しており、第96期は、従来の方法に比べて「当期純利益」が3,356百万円減少し、「純資産額」および「総資産額」が378,459百万円増加している。
4. 第97期より退職給付に係る会計基準を適用しており、第97期は、従来の方法に比べて「経常利益」が14,538百万円、「当期純利益」が43,566百万円それぞれ減少している。
5. 第97期より金融商品に係る会計基準を適用しており、「その他有価証券」についても時価評価を適用している。これにより、第97期は、従来の方法に比べて「経常利益」が618百万円、「当期純利益」が363百万円、「純資産額」が187,843百万円、「総資産額」が361,306百万円それぞれ増加している。
6. 第97期より、改訂後の外貨建取引等会計処理基準を適用しており、第97期は、従来の方法に比べて「経常利益」が520百万円、「当期純利益」が305百万円、「純資産額」が320百万円、「総資産額」が545百万円それぞれ減少している。
7. 第98期より、「1株当たり純資産額」、「1株当たり当期純利益」および「潜在株式調整後1株当たり当期純利益」は、自己株式数を控除した株式数に基づき算出している。
8. 第99期については、退職給付会計に関する実務指針（中間報告）第47-2項に定める経過措置を適用し、厚生年金基金代行部分返上益162,457百万円を「特別利益」として計上している。これにより、第99期は、「当期純利益」が95,395百万円増加している。
9. 第99期より、1株当たり純利益に関する会計基準および1株当たり当期純利益に関する会計基準の適用指針を適用している。
10. 従業員数については、就業人員数を記載している。

第10章　残余利益モデル　**173**

トヨタ自動車株式会社　有価証券報告書（2003年3月期）

3　【配当政策】

　当社は、株主の皆様の利益を重要な経営方針のひとつとして位置づけ、企業体質の充実・強化をはかりつつ、積極的な事業展開を推進している。配当金については、安定的な配当の継続を基本に、業績および配当性向等を総合的に勘案して決定している。また、自己株式の消却による利益還元を併せて実施することなどにより、株主の皆様のご期待にお応えしていきたいと考えている。

　なお、内部留保資金については、長期安定的な経営基盤の確立に向けて、商品力の向上と国内外の生産・販売体制の整備および新規事業分野の展開に活用していく。

　当期の配当金については、昨年11月の中間配当金は1株につき16円、期末の配当金は1株につき20円とした。この結果、年間の配当金としては1株につき36円、配当金総額は、125,833百万円となった。

(注)　当期の中間配当に関する取締役会決議日　平成14年10月30日

4　【株価の推移】
(1)　【最近5年間の事業年度別最高・最低株価】

回次	第95期	第96期	第97期	第98期	第99期
決算年月	平成11年3月	平成12年3月	平成13年3月	平成14年3月	平成15年3月
最高(円)	3,630	5,500	5,800	4,450	3,790
最低(円)	2,530	3,150	3,370	2,665	2,625

(注)　株価は、東京証券取引所(市場第1部)の市場相場である。

(2)　【最近6月間の月別最高・最低株価】

月別	平成14年10月	11月	12月	平成15年1月	2月	3月
最高(円)	3,170	3,280	3,300	3,300	3,010	2,945
最低(円)	2,755	3,020	3,040	2,835	2,760	2,625

(注)　株価は、東京証券取引所(市場第1部)の市場相場である。

7. 株式投資で成功する秘訣

　本書では，財務諸表と株式投資の基礎，そして企業の株主価値を評価する手法について学びました。そして，残余利益モデルを使って理論株価を計算する方法も理解してもらえたと思います。

　あとは，実際の企業の株式に投資するだけです。しかし，第8章で見たように，株式市場は大体効率的に機能していると仮定できるため，株式投資で利益を上げるのは容易ではありません。ここでは，株式投資を行う際に注意すべき点をリストアップして本書のまとめとしたいと思います。

　株式投資をする際に一番重要なのは，投資先の企業を知ることです。財務状態だけでなく，どのような業務内容でどのように利益を上げているか等，できるだけ詳しく情報を分析することです。よく言われることですが，200万円の自家用車を購入する際，最低でもカタログを取り寄せ，テストドライブした上で購入を決めると思います。株式投資も，多額のお金を長期にわたって投資するわけですから，じっくり銘柄を研究する癖をつけましょう。セールスマンや友人（または証券会社の営業マン）が良いと言っただけで自家用車を購入するような行為は避けましょう。

　次は，長期的視野に立って銘柄を選ぶことです。株式を短期で売り買いして利益を上げようとすると，1〜2回は成功するかもしれませんが，10〜20年の長いスパンで見ると，儲け続けることはほぼ不可能と言えます。まして，売り買いの際に手数料を取られますので，結局は購入してしばらく保留しておいた方が利益が出ていたということはよくあります。これを，「バイ・アンド・ホールド（Buy and Hold）」の戦略と言います。もちろん，どの銘柄を「バイ」するかは，残余利益モデル等を使って割安株を見つける努力をする必要があります。

　最後に，気に入った銘柄を買うタイミングですが，ある程度目星を付けたら，

新しい情報（特に悪い材料）が市場に流れた直後に購入する方が良いかもしれません。理由は，一般的に情報が交錯しているときこそ理論株価と株価が大きくかけ離れる（ミス・プライシングが発生する）可能性が高いからです。これに関しては，いくつかのリサーチ結果が出ています。特に，悪い材料が出た場合は投資家の感情が先行し，パニック売りが発生することが多いようです。つまり，これは投資のチャンスと言えます。

また，比較的に情報量が少ない銘柄，特に規模が小さい会社が狙い目かもしれません。これは，先の理由と同様で，ミス・プライシングが発生する可能性が高いことが理由です。

ポイント

⇒株式に投資する際は，その企業を徹底的に研究すること。
⇒必ず長期の視野に立って投資判断をすること。
⇒買いのタイミングは，悪い材料が出た直後。
⇒規模の小さい企業は情報が不足がちなため，ミス・プライシングが発生しやすい。

参考文献

アンダーセン・ビジネススクール編,『財務諸表分析入門』, エクスメディア, 2002年
井出正介・高橋文朗,『経営財務入門』, 日本経済新聞社, 2000年
稲田俊信・道端忠孝,『図解雑学 商法』, ナツメ社, 2003年
加藤英明,『行動ファイナンス』, 朝倉書店, 2003年
志賀 理「財務諸表をスムーズに作成するための表示区分・表示科目一覧」『税経セミナー』2003年10月号別冊付録, 税務経理協会, 2003年
寺尾 淳,『図解雑学 株の仕組み』, ナツメ社, 2001年
東京証券取引所,「東証要覧2003」, 2003年
栃木伸二郎,『図解 よくわかる決算書の読み方』, ナツメ社, 2002年

Bernstein, William, *The Four Pillars of Investing*, McGraw-Hill 2002.
Bernstein, William, *The Intelligent Asset Allocator*, McGraw-Hill, 2001.
Feltham, Gerald A., James A. Ohlson, "Valuation and Clean Surplus Accounting for Operating and Financial Activities", *Contemporary Accounting Research*, Vol. 11 No. 2, Spring 1995.
Graham, Benjamin, *The Intelligent Investor, Revised Edition*, Harper Business Essentials, 1973.
Lee, Charles M. C., James Myers, Bhaskaran Swaminathan, "What is the Intrinsic Value of the Dow?", *The Journal of Finance*, Vol. LIV, No. 5, October 1999.
Lundholm, Russell, Richard Sloan, *Equity Valuation & Analysis*, McGraw-Hill Irwin, 2004.
Penman, Stephen H., *Financial Statement Analysis & Security Valuation*, McGraw-Hill Irwin, 2001.
Pitroski, Joseph D., "Value Investing : The Use of Historical Financial Statement Information to Separate Winners from Losers", *Journal of Accounting Research*, Vol. 38, Supplemental 2000.
Schiller, Robert J, *Irrational Exuberance*, Broadway Books, 2001
Shleifer, Andrei, *Inefficient Markets–An Introduction to Behavioral Finance*, Oxford University Press, 2000.
Siegel, Jeremy J., *Stocks for the Long Run*, McGraw-Hill, 1998.

〈著者略歴〉

満留　敏明（みつどめ　としあき）

1965年鹿児島県生まれ。日本の4年制大学を卒業後，1988年に単身渡米。ニューヨーク市立大学バルーク校にて1992年にMBA（国際ビジネス），2000年にPh.D（会計学）を取得。その間，共同ニュース・インターナショナル（共同通信の米国子会社）で情報サービスのマーケティングを担当し，1997年に同社副社長に就任。現在はニューヨーク市立大学ハンター校経済学部助教授。担当する会計学コースは特に人気があり，分かりやすい授業として高い評価を得ている。

著者との契約により検印省略

平成16年3月25日　初版第1刷発行

株式投資のための財務諸表分析
―最新のバリュエーションモデルを学ぼう！―

著　者	満　留　敏　明
発行者	大　坪　嘉　春
製版所	美研プリンティング株式会社
印刷所	税経印刷株式会社
製本所	株式会社三森製本所

発行所　東京都新宿区下落合2丁目5番13号　株式会社　税務経理協会

郵便番号 161-0033　振替 00190-2-187408　電話 (03) 3953-3301（編集部）
FAX (03) 3565-3391　　(03) 3953-3325（営業部）

URL　http://www.zeikei.co.jp/

乱丁・落丁の場合はお取替えいたします。

© 満留敏明 2004　　　　Printed in Japan

本書の内容の一部又は全部を無断で複写複製（コピー）することは，法律で認められた場合を除き，著者及び出版社の権利侵害となりますので，コピーの必要がある場合は，予め当社あてに許諾を求めて下さい。

ISBN4-419-04256-7　C0063